女權主義

Feminism: A Very Short Introduction

U0118380

Feminism: A Very Short Introduction

# 女權主義

瑪格麗特·華特斯(Margaret Walters)著

朱剛　麻曉蓉 譯

OXFORD
UNIVERSITY PRESS

# OXFORD
### UNIVERSITY PRESS

Oxford University Press is a department of the University of Oxford.
It furthers the University's objective of excellence in research, scholarship,
and education by publishing worldwide. Oxford is a registered trade mark of
Oxford University Press in the UK and in certain other countries

Published in Hong Kong by
Oxford University Press (China) Limited
39/F, One Kowloon, 1 Wang Yuen Street, Kowloon Bay,
Hong Kong

This orthodox Chinese edition © Oxford University Press (China) Limited

The moral rights of the author have been asserted

First edition published in 2020

女權主義

Margaret Walters 著

朱剛　麻曉蓉 譯

ISBN: 978-0-19-943379-7

1 3 5 7 9 10 8 6 4 2

English text originally published as *Feminism: A Very Short Introduction*
by Oxford University Press © Margaret Walters 2005

# 目　錄

# 圖片鳴謝

# 緒論

「我本人始終就沒能弄明白女權主義究竟是什麼，」作家麗貝卡·韋斯特[1]1913年語帶譏諷地說，「我只知道無論什麼時候，只要我表達出和逆來順受的可憐蟲或妓女不同的觀點，人們就說我是女權主義者。」在她寫作的年代，「女權主義」還是個比較新的字眼，19世紀90年代才由法語進入英語。有趣的是，在《牛津英語詞典》中，該詞最早的例證含有貶義。1895年，《雅典娜神殿》[2]鄙夷地談到一部描寫某個女性的作品，極盡調侃地說她「同女權主義說教調情」。「在德國，女權主義就是公開鼓吹社會主義，」《每日新聞》1908年戰戰兢兢地說道，隨後對「婦女選舉權運動者、婦女選舉權女鬥士以及女權主義發展中的所有其他階段」予以全盤否定。

在那些年代，一些作家使用另一個詞——「婦女主義」來替代它，但同樣也充滿敵意。有一位被人遺忘已久的作家在自己的回憶錄中憶及了與一位身居巴

---

1   Rebecca West 1892–1983：原名Cecily Isabel Fairfield，英國小説家、文學評論家和著名記者。——譯注，下同

2   《雅典娜神殿》：英國倫敦出版的文學雜誌(1828–1921)，撰稿者多為知名作家。

黎的女知識分子(儘管他對她有偏見,但她似乎相當活潑有趣)會面時的情景,憤怒地揶揄說這位女性的寫作反映了「19世紀頑固的婦女主義」。

令人奇怪的是,對「女權主義」這個字眼最尖刻的批評竟來自弗吉尼婭・吳爾夫[3]。她在《一間自己的房間》中曾為女性發出過呼籲,影響很大,甚為懇切。在1938年創作於法西斯主義和日漸迫近的戰爭的陰影之下的《三幾尼》中,吳爾夫也許對任何「主義」都感到不安,所以堅決抵制這個字眼。她堅稱,任何詞匯都無法準確概括這股「19世紀反抗父權」的力量。她接着寫道:

> 事實上,那些19世紀的婦女是你們這場運動的先鋒。她們當時反抗父權制國家的暴政,正如你們時下反抗法西斯國家的暴政一樣。

吳爾夫宣稱,她們被人稱為女權主義者(她犯了年代錯誤 —— 這個詞在19世紀並不為人所知),這令她們非常反感。她繼續強調說,我們應該

> 廢除一個陳舊、邪惡而腐朽的詞匯,一個在它的時代為害不淺的詞匯。「女權主義」便是這個詞匯。根據

---

3　Virginia Woolf 1882-1941:英國女作家和文學評論家,為現代主義和女權主義先鋒,以「意識流」創作手法著稱。

字典，這個詞的意思是「捍衛女性權利的人」。既然唯一的權利，即謀生權已經獲得，這個詞便不再具有意義了。沒有意義的詞是死詞、腐朽的詞。

然而，雖然弗吉尼婭・吳爾夫所謂的「謀生權」曾經是、並且目前仍然是女權主義的中心內容，但是在她寫下這些話之後近一個世紀過去了，獲得謀生權顯然並沒能解決女性所面臨的全部問題。女性的工作——雖然某些商界女強人的收入被媒體大肆宣揚——酬勞依然很低；而在家務活兒方面，女性根本就得不到酬勞。女性面臨着特殊問題：生育和撫養孩子，還承受着既要幹家務和/或照顧孩子又要外出工作的巨大壓力。吳爾夫在20世紀20年代寫作時，女權主義者幾乎尚未提出這些問題，更不用說解決這些問題了。

數百年來，在許多不同的國家，女性都曾為自己的性別呼籲，並且以不同的方式表達自己的不滿、需求以及希望。由於這是一個「非常簡短的介紹」，我只集中談一個國家——英格蘭——的女權主義，嘗試着探討它的歷史沿革。儘管其他國家的女性有不同的經歷和定義，但是在英格蘭，至少一直到20世紀60年代，「女權主義者」通常都是個貶義詞。無論如何熱心地為女性權利而戰，鮮有女性願意自稱為「女權主義者」。20世紀60年代和70年代女性再次組織起來時，這場運動自稱為「婦女解放運動」（這個字眼源自

黑人運動、第三世界運動和學生運動)。它也經常被簡稱為「婦解」(women's lib)，這麼稱呼有時候是出於親昵，有時候則是出於貶損。但也就是在這些年間，「女權主義」這個詞日漸為大眾所接受，其含義也得到了擴展。雖然有人認為民事平等和法律平等還沒有完全實現，而且這種看法不無道理，但是這場新的運動往往重點關注的是女性特有的問題，即女性在生育和扮演社會角色中所遇到的問題。同樣是在這些年間，英國的女權主義者至少嘗試過跨越國界，去尋找她們和海外女權主義者之間的相同或不同之處。

然而，我們又是多麼頻繁地聽到女性們急切地聲明「我不是女權主義者，而是……」。而她們發表看法時依據的便是女權主義，缺之不可。美國女權主義者埃絲特爾·弗里德曼(Estelle Freedman)認為，女權主義這個詞自出現之初就帶有負面含義，並且指出，沒有幾個涉足政壇的女性標榜自己是女權主義者，這麼做的女性少得令人吃驚。20世紀90年代，英美的一些女權主義者發現出現了詆毀女權主義的「回潮」，而且某些目標顯然已經得逞，於是對這種回潮發出了警告。例如，朱麗葉·米切爾(Juliet Mitchell)和安·歐克利(Ann Oakley)把她們的第三本論文集取名為《誰害怕女權主義？》，書的原版封皮上印有一隻卡通的大灰狼。她們認為：「對女權主義的攻擊往往演變為更為廣泛的厭女症」；「女權主義者」現在成了那些不

受歡迎或備受鄙視的女性的代名詞，和20世紀60年代之前使用的「恨男婆」、「母夜叉」、「老妖婆」、「巫婆」等稱呼如出一轍。她們還說，女性也必須揭露並消除女權主義自身所固有的厭女症傳統。

同樣麻煩的是，一提到「女權主義」這個字眼，許多年輕一些的女性似乎也警覺起來，其中不少人似乎羞於提及這個概念。一份英國小報最近刊登了一篇橫跨兩版的文章，名為《女權主義死了嗎？》。文章竭力巧妙地保持不偏不倚，給正反兩方面的意見以相同的篇幅：一方認為女權主義這個詞依然非常適用；另一方則確信這個詞已經過時，甚至令人尷尬，應該被淘汰。這篇文章配發了一張「激進婦解分子」在抗議「世界小姐」選美比賽現場維持秩序的照片。(事實上，照片上每個人都在笑。)讓我略感尷尬的是，我在照片上看到了很久以前的自己，長髮長裙，緊握着一塊毫無新意的標語牌，上面寫着「女人也是人」。我幾乎已經忘記了「世界小姐」選美比賽那時依然存在(在那些糟糕的年月裏，這種比賽總是被安排在電視節目的黃金時段)。直到2002年，這一賽事才意外地引起公眾關注。首先是尼日利亞激進分子暴力示威反對他們所謂的「裸體遊行」，認為那會助長淫亂之風，導致艾滋病蔓延。隨後是數名選手拒絕參賽，因為一名尼日利亞青年婦女婚外懷孕，依據伊斯蘭教教法被判處死刑緩期執行 —— 但只是延緩到孩子斷奶後再執

行。選美皇后們的姿態既展現了勇氣，又取得了理想的效果。然而有趣的是，她們中的一位略顯不安地堅稱她之所以採取這種姿態，絕對不是因為她是女權主義者，甚至也不是因為她是個女人，而是因為她是個人。

我近來問過一些二十出頭的年輕女性是否認為自己是女權主義者，或是否確實對女權主義感興趣，她們大部分人都斷然地予以否認。這些年輕女性中有一部分受過大學教育，其他的都有工作，而她們所有人顯然都是先前女權運動的受益者。一位女性說，女權主義這個詞本身聽起來就挺陳腐過時。她覺得，一方面，女權主義已經變成極端分子——她稱之為「原教旨主義者」——的遊樂場，這些人對於像她這樣的女性說不出什麼有用的話。另一方面，她認為女權主義已經被「制度化」了，她把它比作共產主義：它不僅要求忠實於某些思想，還要信奉一套籠統的思想體系。此外，她補充說，女權主義現在只不過是一個學術話題。人們可以獲得「性別研究」的學位，她覺得這才是真正的致命之處：如果需要證據的話，這一點就足以證明女權主義已經不是非常適用了。也許10年左右之後，當這些年輕女性發現自己在家庭、家務和工作之間顧此失彼時，她們會有不同的感受。也許她們會發覺需要根據自己的體驗重新定義女權主義。但是從某種意義上說，我倒希望她們不必如此。

# 第一章
# 女權主義的宗教根源

在最早為自身及自身性別發出吶喊的歐洲女性中，有一些是在宗教的框架下進行的，而且使用了宗教術語。在當下世俗化的社會裏，我們或許很難想像她們當年所做的一切：很難充分認識到她們的勇氣，很難理解她們當時挑戰社會現狀所可能產生的後果或這種挑戰達到了何種程度。

在長達幾個世紀的時間裏，歐洲各地總會有些家庭將「可有可無」或者無法婚嫁的女兒往女隱修院一關了事。對於一些人來說，這肯定不啻終身監禁；但是對於另一些人來說，寧靜的女隱修院生活似乎促進了真正的自我實現：它培養了一些女性的組織才能，使一些女性識文斷字，能夠獨立思考，從而發現她們自己與眾不同的聲音。賓根的希爾德加德[1]生於11世紀末，她先是在萊因蘭的一所小隱修院做了修女，後來當上了這所隱修院的院長。長久以來，人們公認她是一位了不起的作家；近年來，她非凡的音樂才華被

---

1　Hildegard of Bingen 1098–1179：德意志女隱修院院長和神秘主義者，自稱多次見到詭秘的異象。

世人重新發現，備受讚譽。但她有時深為人們對自己「非女性化」行為的種種懷疑所苦。於是，她寫信給當時的一位教會領袖明谷的伯爾納[2]，詢問她——一個沒有受過教育的婦女——是否應該繼續寫作和作曲。伯爾納給予了她鼓勵。數年後，她享譽整個歐洲。雖然當時只有司鐸才有權傳教，但是她60歲開始周遊整個日耳曼帝國，進行她的傳教活動。

和其他中世紀婦女一樣，希爾德加德試圖想像幾乎無法想像的事物、講述自己對神之愛的理解時，她借助於女性經驗，尤其是母性經驗，從而寫到神的「母性」。「神再次向我展現出他的恩慈，」她寫道，「正如……母親給她哭泣的孩子哺乳一樣。」一些虔誠的婦女懷着母性的柔情想像襁褓中的耶穌。一位佛蘭芒貝居安女修會[3]修女這樣冥想神之母的感受：

> 一連三天，也許更久，(她)緊緊抱着他，他像嬰兒一樣安憩在她雙乳之間……有時她親吻他，彷彿他是一個小孩子；有時她把他抱在大腿上，彷彿他是一隻柔弱的羔羊。

---

2　Bernard of Clairvaux 1090-1153：法國天主教西多會修士和神秘主義者，創立了明谷隱修院。

3　貝居安女修會：中世紀起出現在北歐城市中的一批女修士，她們不參加經正式批准的教會而過着虔修生活。12世紀末最早出現於列日，13世紀時正式以貝居安為名。她們大多自食其力，潛心於沉思默想，發願身在會中時守貞不嫁，但可以隨時還俗嫁人。

「僅僅因為我是女人，我就得相信我無法告訴你神的美德……？」15世紀初期英格蘭婦女諾里奇的朱利安[4]這樣問道。她很詫異「她的創造者竟然選擇降生於那個被創造物」。進而，她認為：

> 我們的救世主是我們的真母，我們永恆誕生於他，永遠受他庇佑……我們得救於母性的慈悲和恩德……母愛的本質就是慈愛、智慧、知識；這種母性就是美德，因為雖然和我們靈魂的出處相比，我們的肉體誕生於低賤、貧寒和卑微，然而這個肉體誕生於他的創造，由女性來加以完成，體現為眾生。

雖然其他女性對這個類比只是一帶而過，但諾里奇的朱利安卻非常直接地進一步闡述了這個類比。基督正如

> 仁厚慈愛的母親那樣深知自己孩子的需要，並密切關注着這種需要。母親給予孩子吮吸的乳汁，而我們親愛的耶穌母親卻用他自己來餵養我們，他是如此慷慨、如此溫柔……

---

4　Julian of Norwich 1342-1416以後：英國神秘主義者，所著《神恩的啟示》（*Revelations of Divine Love*，約1393）被普遍認為是闡明中世紀宗教修養體驗的重要文獻。

瑪格麗・肯普[5] 和朱利安同時代，她從自己家鄉埃塞克斯一路跋涉去拜訪朱利安。瑪格麗記下了自己的生平——也許是自己口述、他人記錄，這被稱為第一部英語自傳。她的生平再清晰不過地說明，為什麼她對自身不幸的沉湎和誇張的表述激怒了那麼多和她接觸過的人。但是她的故事也出人意料地感人至深；而更重要的是，她的傳記之所以了不起，只是因為她堅持認真對待自己和自己的經歷。瑪格麗遭遇到的母性經驗中痛苦而可怕的一面曾經啟示了因信仰而終身未婚的朱利安。瑪格麗第一次懷孕期間一直病得很重。經過漫長而異常痛苦的分娩後，她精疲力竭，沮喪萬分：「由於生產的煎熬以及之前的病痛，她對生活感到絕望。」有時，她幾乎要自殺。她回憶道，是耶穌顯聖撫慰了她。耶穌以一位英俊的年輕人的形象顯現，坐到她的床邊。他告訴她：「在床上，你可以大膽地把我當作你的夫君。」但是直到多年後，經歷了14次懷孕的瑪格麗才終於和她欲望無度的丈夫達成協議：只要他不再執意要求魚水之歡，她願意替他償還債務，並且取消自己所恪守的星期五齋戒，同他一起吃喝。他同意了，不過帶着一絲諷刺，這諷刺數百年來不斷被人重複，令人生厭：「願你的身體像以前對我那樣隨時供神享用。」

憑着非凡的精力和毅力，瑪格麗踏上了跨越歐洲

---

5　Margery Kempe，約1373–約1440：英國神秘主義者。

的朝聖之旅。一路上她哭哭啼啼，激怒了隨行的同伴，他們中途捨她而去。但是她的勇氣——以及永不言棄的決心——使她到達了耶路撒冷，並最終踏足君士坦丁堡。

到了16世紀後期，越來越多的女性開始談論自身，觀點愈加一致、愈加富有攻擊性，只是仍然未能擺脱宗教的框架。宗教改革[6]使更多的女性得以接受教育。1589年，在被一位歷史學家稱為「英格蘭最早的女權主義檄文」中，簡·安傑[7]挺身而出，強調夏娃優於亞當：夏娃是第二個成形之人，因此也更加完善。亞當由「廢物和骯髒的泥土」塑造而成，神又從亞當的肉中造出夏娃，故而「她定比他純淨」，這「顯然説明我們女人比男人要優秀不少……有了女人，才有男人的救贖。女人是第一個信神的，同樣也是第一個悔罪的」。接着，安傑又世俗地談到了日常的家庭生活，言談間透着義憤和詼諧。她提醒我們，保證男人衣食無憂、乾淨整潔的是女人：「沒有我們的照顧，他們會像正在產崽的狗一樣躺在床上，像髒鮐魚一樣在夏天的熱浪裏遊來蕩去。」

但是任何女人想要捍衛自己的性別，都不得不有

6 宗教改革：16世紀西方基督教會中所發生的宗教革命，其主要領導人是路德和加爾文，由此產生基督教三大分支之一的基督教新教。

7 Jane Anger：16世紀後期英國女作家，生平不詳。她唯一的存世作品為《簡·安傑論保護女性》(*Jane Anger: Her Protection for Women*，1589）這本小冊子，批評了當時的大男子主義。

力地處理《聖經》中女性的負面形象：大利拉[8]背叛，耶洗別[9]殺人，而夏娃則對人類的墮落負有直接責任：「女人誘惑他，他吃了。」女人一旦大膽講話，或就教會對女性的態度提出難以應付的問題，經常就會有人拿聖保羅的話來進行壓制。「讓你們的女人在會中閉口不言，因為不准她們說話，」聖保羅向哥林多人訓示道。他在給提摩太的書信中還說道：「她們若要學什麼，可以在家裏問自己的丈夫，因為婦女在會中說話原是可恥的。」

漸漸地，一些女性找到了反抗這些《聖經》禁錮的信心。一些女性對《創世記》作出了不同的解釋，認為歸根到底，亞當對於人類的墮落和夏娃負有同等的責任。於是，1611年埃米利亞‧蘭耶[10]提醒自己的讀者，基督

> 由女人懷上，由女人誕下，由女人哺育，對女人順從……他治癒女人，寬恕女人，安撫女人……他復活後，首先顯身給一個女人。

---

8　大利拉(Delilah)：《聖經‧舊約》所載以色列人領袖參孫的最後一位情人，曾哄騙參孫說出力大無窮的秘密在於長髮，然後出賣了他，並因此成為不忠的性感女人的代名詞。

9　耶洗別(Jezebel)：《聖經‧舊約》所載以色列國王亞哈之妻，阻撓希伯來人信仰神，迫害並殺害先知，挑撥希伯來人互相殘殺，後被處死，屍首被群狗分吃。

10　Aemilia Lanyer 1569–1645：據認為是英國第一位職業女詩人。

1617年，雷切爾·斯佩特[11]嘲諷道：

> 倘若當初亞當不贊成夏娃的所作所為，不願意步她
> 的後塵，那麼他作為她的主人，本應申斥她，訂出
> 點兒戒律，以免有失主人的身份。

其他人則堅持認為，神把夏娃的後裔瑪利亞創造為基督之母，這本身就已經昭示了他的寬恕。

在動盪不安的17世紀，尤其是在抵制國教、尊崇簡化宗教儀式的教派和眾多不同的小團體中，女性獲得了更多的自由。至少有些女性感受到了神啟，開始傳教或進行預言。現代歷史學家指出，在伊麗莎白時代後期為逃避迫害而移民到美洲或荷蘭的英格蘭宗教異見者及其傳教活動中，女性發揮了重要作用。同樣，在那些設法留在英格蘭從事地下活動的異見小團體中，女性也相當活躍。直到內戰時期和空位期[12]，她們才大舉轉回地上，暢所欲言。基思·托馬斯[13]羅列了一些這類獨立教會：布朗派、獨立會、浸禮宗、千禧年會、家庭會、貴格會、尋求派以及狂言派[14]。無論

---

11　Rachel Speght 1597–?：英國女詩人，據認為是第一位公開爭論性別問題的女性。

12　內戰：指1642–1651年間英國議會派與保王黨之間的戰爭。空位期：指1649年查理一世被處決至1660年查理二世復辟之間的這段時期。

13　Keith Thomas 1933–：英國歷史學家。

14　布朗派：由英格蘭基督教清教派公理會領導人羅伯特·布朗（Robert

它們在神學上有什麼不同，它們都認為每個個體必須獲得精神上的再生。體驗貴格會所謂的「內心之光」比外在儀式更為重要，而這光並不講究性別差異。正如當時一位作家所說：「一個虔誠的男人，還有，或女人，能和世上所有的牧師一樣，在天堂和地上真正而有力地進行捆綁、釋放。」

在一段時間裏，各種獨立教會允許女性就教會事務進行公開辯論和投票。到了17世紀40年代，一些教會，尤其是貴格會，則更進了一步。1659年，貴格會教徒福克斯[15]認為：「基督在男人中，也在女人中，

Brown，約1550–1633)創立，抵制聖公會，主張政教分離的自由教會運動。

獨立會：又稱分離派，要求脫離聖公會，主張由真正信奉基督的人組成獨立的地方教會，後通稱公理宗。

浸禮宗：基督教新教派別，認為只有信道之人才可受洗，而洗禮必須全身浸在水中(即浸禮)。

千禧年會：基督教派別，認為現實世界污穢不堪，會被復活的基督徹底滌蕩，隨後基督會治理世界一千年。

家庭會：又稱愛的家庭，16世紀由荷蘭商人尼克萊斯(Hendrik Niclaes) 創立，號召所有「熱愛真理的人」不分民族和宗教，一律團結起來，不再爭執教義，融於基督的身體之中。

貴格會：基督教公誼會的別稱，強調聖靈的指引，廢除外在禮儀和神職人員，積極維護和平、反對戰爭。

尋求派：17世紀許多英格蘭清教徒脫離聖公會，組成小團體，尋求並等待神派來創立真正教會的新先知，這批信徒通稱尋求派，為公誼會的前身。

狂言派：17世紀英格蘭激進教派，提倡泛神論，認為神無處不在，強調對基督的內在體認，反對《聖經》權威。

15 Fox 1624–1691：即喬治·福克斯(George Fox)，英國脫離國教者，創立了基督教公誼會，即貴格會。

他解救那些世俗律法之下的人……男女中的基督，在神的靈中，不在世俗律法之下。」

「基督的靈由神而來，既存在於男人中也存在於女人中，難道基督的靈……不能說話？」凱瑟琳·埃文斯和薩拉·謝弗斯[16]問道。女性越來越頻繁地感到觸動，受到神啟，在集會甚至禮拜時發言，不過她們經常遭到激烈的反對。她們被斥責為「被驕傲沖昏了頭腦」、「虛榮自大」，甚至是「篡奪男人的權威」。譬如，1646年約翰·維卡斯[17]滿腹怨氣地牢騷道：「膽大妄為的家庭主婦們……沒有一點兒女性的謙卑，高談闊論，全然不顧使徒的禁忌。」

約翰·班揚[18]堅決反對女性的積極參與。他認為，撒旦無論如何都會誘惑更為軟弱的夏娃，而不是亞當：「男人是禮拜的頭領，是神的園子的守護者。」他把女性稱為「頭腦簡單、意志薄弱的性別」。他引用《哥林多前書》[19]的觀點，認為女人「不像男人那般是神的形象和榮耀，她們被置於男人之下」。他反對女性單獨集會，認為這只會縱容「敗壞體統」。他堅稱：「我認為她們（女人）在祈禱時不應在整個教堂前面擔任神的牧師。」進而，他語帶譏

---

16　Katherine Evans ?–1692　和 Sarah Chevers ?–1662：貴格會女教徒。

17　John Vicars 1580–1652：英國詩人和編年史家。

18　John Bunyan 1628–1688：英國清教牧師。

19　《哥林多前書》：《聖經·新約》中使徒保羅的書信體教義。

諷地補充道：「要是那樣，我就成了狂言派或貴格會教徒了。」在任何公開集會上，「她要做的就是閉緊嘴巴，安靜地洗耳恭聽」。

即使是到了17世紀70年代，勇敢的貴格會教徒瑪格麗特·費爾[20]依然覺得有必要捍衛女性的良心獨立和積極參與禮拜的權力。在一本名為《論女人說話之正當性》的小冊子中，她強烈申辯道：「那些僅僅因為性別而否認……耶和華的靈通過女人說話的人……反對基督和他的教會，他們是蛇的後代。」

有時她們引用先知約珥(Joel)來回應聖保羅的禁忌，稱神的靈澆灌凡有血氣的：

> ……你們的兒女要說預言，你們的老年人要做異夢，少年人要見異象。在那些日子，我要將我的靈澆灌我的僕人和使女。在天上地下，我要顯出奇事，有血、有火、有煙柱。

對許多人來說，約珥所見的令人心醉神迷的幻象，在由內戰和空位期所引發的種種社會巨變中顯得特別重要；當時人們普遍覺得世界末日真的即將來臨。比如，一個自稱「第五君主國派」的教派認為，世界上四大世俗帝國 —— 即巴比倫、波斯、希臘和羅

---

20 Margaret Fell 1614–1702：英國貴格會創始人之一，被稱為「貴格會之母」。

馬 —— 已經一去不復返，第五君主國 —— 基督的王國和聖徒的統治 —— 即將到來。在這種狂熱而動盪的大氣候下，湧現出了大量的先知，他們中許多人具有革命思想。

具有諷刺意味的是，在這個領域，女性被認為應有的被動性和對外界影響的接受性，倒可以說是優勢了：她可能會更容易、更樂於成為神的傳聲筒。在英格蘭擁有廣大讀者群的比利時先知安東尼婭·布里格（Antonia Bourigue），作了一番令人不安的雙刃劍式的論證：「他們應該容許神通過女人說話，只要他樂意如此，因為他先前曾經通過野獸對先知說話。」

但是在先知靈感和瘋癲之間，在受神引導和被魔鬼操控之間，只有一線之隔。在17世紀的英格蘭，女性依然因巫術而受到審判。更甚的是，女性先知很容易被人斥為瘋癲而不予理會。例如，埃莉諾·戴維斯夫人（Lady Eleanor Davis）多年一直聲稱受到神啟。1625年的某個清晨，她聽到「一個來自天堂的聲音，猶如號角般說出這番話：離最終審判日還有19年零六個月」。她接着出版了一些被視為預言的小冊子，其中包括查理一世之死。她的丈夫燒掉了她的書；她常常被當作笑柄。由她的名字編成的字母換位遊戲 —— 埃莉諾·戴維斯夫人：沒見過這麼瘋的女人[21] —— 被人

---

21 字母換位遊戲：即字母換位後構成新的單詞或短語，這裏指把 Dame Eleanor Davis 換成 Never so mad a ladie。

們津津樂道。但是她對異象的狂熱使她陷入了極大的危險，甚至連她的社會地位也無法讓她免於叛國罪的指控。1633年，她因被控「（全然不顧自己的性別）竟不自量力地⋯⋯不僅解釋《聖經》⋯⋯還要當女預言家」而在高等宗教事務法院受審，被處以罰金並被關入精神病院。但是到了空位期，她的許多預言似乎都應驗了，於是她又恢復了正常生活。從1641年到11年後她去世時為止，她又至少出版了37本小冊子。

另一位女預言家安娜・特拉普內爾(Anna Trapnel)在倫敦的一座浸禮會教堂體驗到了某種神啟。1652年時，她已經加入了第五君主國派。1654年，她陪同一位男性傳教士到白廳去，結果在那裏陷入昏睡，一連12天才醒。民眾聚集到那裏聆聽她的預言 —— 以及她對奧利弗・克倫威爾[22] 及其政府的尖銳批評，這件事被收錄在《白廳奇聞軼事》和《石頭的吶喊》中。她堅持說 —— 以詩體的形式 —— 神的旨意既傳給男人，也傳給女人：

> 約翰不會被觸怒
> 任憑這裏的女僕歌唱，任憑她們參與宣佈
> 吾王的事務⋯⋯

---

22　Oliver Cromwell 1599–1658：英國將軍和政治家，為英國內戰中議會派的主要將領，曾任英格蘭、蘇格蘭和愛爾蘭的護國公(1653–1658)。

圖1　這個場景看上去帶有一絲諷刺意味 —— 儘管不知這種諷刺針對的是
　　那位熱情洋溢的發言者,還是那些心不在焉的聽眾?一位聽眾竟然
　　睡着了,其他聽眾則表現出不以為然的樣子。

當局把她定為瘋子，但是依然要她出庭受審。她說：「這份報告說，等到對簿公堂時我會啞口無言，會認識到自己是個女巫。」但是她的伶牙俐齒戰勝了法庭，毫不動搖地繼續她的預言。克倫威爾政府無疑將這類預言當真了；好幾次，他和他的國務會議都因先知的預言而中斷，停下來認真聆聽，其中幾位先知是女性。

指望借神啟來實現婦女解放可能作用有限。後來的女權主義不再那麼強調女性的精神平等，而是更多地轉向爭取自然權利，否認男女在智力上有任何差異。

但是這種宗教狂熱的爆發卻蘊含着政治意義。16世紀，再浸禮派[23] 已經承認女人和男人平等，允許她們在集會上祈禱和發言。有一個教派自稱「平均派」[24]，其女性成員尤為活躍，施展才華的舞臺也更大，她們在政治上表現得相當睿智。該教派信奉「以神形而造者」人人平等，鼓勵女性參加活動。在17世紀40年代和50年代初期，許多平均派婦女的丈夫都被關在牢裏，她們屢次三番聚集在威斯敏斯特——其做法十分類似今天的「示威」，要求釋放她們的丈夫，同時也痛訴自己因此所遭受的艱辛。她們往往受到粗

---

23 再浸禮派：16世紀英國激進教派，認為洗禮應該在成年人自行選擇宗教後再進行，故經常為嬰兒時受過洗禮的成年人重新施洗禮。

24 平均派：17世紀中期英國激進政治派別，認為在政府事務上人人都有發言權。

暴的對待，被斥責對自己不明白的事情指手畫腳。1642–1643年間，婦女們舉行請願，要求和平，結果遭到遣散，還被鄙夷地稱為「婊子，妓女，牡蠣婦人，廚房丫頭」。300名婦女再次向上議院呈遞請願書時，遭到倫諾克斯公爵[25]的斷然拒絕。他嚷道：「讓這些女人走開！」隨後又嘲弄地補充說：「我們最好有一個女人議會。」1649年5月，婦女們又組織了一次請願，要求釋放平均派囚犯。但請願被駁回，還遭到嘲笑：「請願不是女人的事，她們應該呆在家裏洗盤子。」對此，婦女們滿不在乎地反擊道：「我們已經沒有什麼盤子可洗了。」

同年晚些時候，她們再次嘗試請願。多達一萬名婦女又簽署了一份請願書，要求：

> 在你們的眼裏，我們竟顯得如此可鄙，都不配用請願來向尊貴的議會表達我們的委屈。對此，我們只能感到既奇怪又悲傷。難道我們不是和這個國家的男人一樣同等享受《權利請願書》以及這個國家其他法令中所涵蓋的自由和安全嗎？難道我們不像男人一樣只有經過正當的法律程序才能把我們的生命、肢體、自由或財產從我們這兒拿走……

---

25 倫諾克斯公爵（第四）（4th Duke of Lennox 1612–1655）：即詹姆斯 · 斯圖爾特（James Stewart）、里奇蒙公爵（第一）（1st Duke of Richmond），蘇格蘭貴族，1624年承襲父親的爵位。

一千名胸前佩戴着海綠色絲帶的婦女把這份請願書呈交給議會。她們又一次被不屑地遣散了。

　　不過，女性找到了培養自己行政能力的機會，這在貴格會中體現得尤為突出。在17世紀50年代，女性例會與男性例會同時召開。雖然一開始女性似乎偏重傳統的女性事務，比如福利和道德問題，但是她們有機會建立起自己的、十分高效的組織，而且這種組織實際上掌控着相當多的資金。然而，歷史學家們認為她們關注的範圍在逐漸縮小。到了17世紀80年代，她們將自己局限於「女人的」問題。在此後的歲月裏，她們專注於「適合我們的事情，比如說窮人，尤其是我們中那些貧困潦倒的人」。這其中包括幫助年輕男子找到學徒場所或工作，指導年輕女子從事「所有有益的事情」——包括相夫教子、操持家務，始終保持行為舉止「謹慎、貞潔、端莊」。

# 第二章
## 世俗女權主義的開端

　　在世俗層面上，女性的自主也許難免會發展得更加緩慢。由於受到神啟而作出「非女性化」的舉動是一回事，而出於個人抱負作出離經叛道的舉動就沒那麼容易了。為了耶和華神，公開演講或提筆寫作都是無可厚非的，而且還可以被稱為神啟的產物：「我乃無才無德的一個弱女子……若沒有聖人之手的引導，我所能做的和鉛筆或鋼筆沒有什麼兩樣。」17世紀一位女性作家聲稱。此外，許多女性，無論是貴格會的還是其他教派的，都明顯因為屬具有共同信仰和價值觀的支持性團體而獲得了信心。

　　但是，世俗的抱負則另當別論。當然，在許多世人的記憶中都還留存着一位傑出的英格蘭女王，她知識淵博，博覽群書。在羅傑 · 阿謝姆[1]的指導下，伊麗莎白能講流利的拉丁語、希臘語和法語。阿謝姆這樣稱讚女王：「她的頭腦沒有女性的軟弱，她的毅力與男性並駕齊驅。」雖然她十分獨斷

---

1　Roger Ascham 約 1515–1568：英國人文主義學者和散文家，1548–1550年間奉詔擔任伊麗莎白女王一世的老師，對女王影響很大。

專行，但幾乎從不支持其他女性。她對蒂爾伯里[2]駐軍的那篇著名講話(1588)體現出自己在女性和君王雙重角色之間強烈的反差：「我知道我擁有女人軟弱無力的身體，但是我卻有着國王的心胸和勇氣，而且是英格蘭的國王。」不過，對於一些英格蘭婦女來說，女王的存在至少算是一種鼓勵，使她們相信自己的才華，接受自身「非女子氣」的志向。確實有一些保王派[3]婦女——在內戰中丈夫不在身邊時——勇敢地奮起保衛自己的家人和家園。安妮·布雷茲特里特[4](詩人，生於英格蘭，後移居美洲)在女王逝世40年後寫道：

> 讓那些說我們這個性別缺少理性的人
> 明白現在這樣講只是誹謗罪，過去卻是叛國罪。

一部名為《女人的嚴厲復仇》(1640)的匿名作品頗具煽動性地申辯道，把女人排斥在知識殿堂之外是「男人們精心策劃的，目的是為了確保自己的主宰地位得以延續」。巴斯阿·梅金[5]曾擔任查理一世的一

---

2　蒂爾伯里：英格蘭埃塞克斯郡瑟羅克區港口。
3　保王派：英國內戰期間擁護英王查理一世的政治團體。
4　Anne Bradstreet，約1612–1672：首位在美洲殖民地寫出有價值的英文詩歌的女詩人。
5　Bathsua Makin，約1600–1675：英國早期女權主義者，被譽為17世紀「英格蘭最博學的女性」。

個女兒的家庭教師，她後來創立了一所女子學校，並負責學校的管理工作。她在《論復興淑女在宗教、禮儀、藝術和語言諸方面的古典教育》一文中，強調了女性接受良好教育的重要性。「讓女人變成傻子，」她說，「你們就好把她們當作奴隸。」她的書也許是，至少部分是，在為自己的學校和課程作廣告，目標是家境殷實的女性。有趣的是，雖然她給女性提供了(當時依然難得的)學習經典的機會，但是為了使讀者安心，她明確表示不會「妨礙女人成為賢妻良母，也不會讓女人因讀書而疏怠必要的家務」。而且，她透着一絲不安說道：「我無意謀求男女平等，更無意讓她們凌駕於男人之上。她們是性別的弱者。」

但是巴斯阿・梅金熱情地歌頌了保王派女性在內戰期間的表現：她們「像戰士一樣保衛自己的家園，像男人一樣深謀遠慮，勇敢頑強」。她對學識淵博的同時代女性，包括安妮・布雷茲特里特和紐卡斯爾公爵夫人[6]，不吝讚美之詞。夏娃食禁果而使世界陷入罪惡這個聖經故事經常被用來批評女性，但在梅金看來，這不過是説明必須接受良好教育的一個最早例證。

許多早期世俗作家似乎都經歷過一段艱難時期。1621年，瑪麗・羅思夫人(Lady Mary Wroth，詩人菲利普・錫德尼爵士Sir Philip Sidney的侄女)開始寫作十四

---

6　Duchess of Newcastle 1623–1673：即瑪格麗特・卡文迪什(Margaret Cavendish)，英國貴族、詩人、哲學家、劇作家和散文家。

行組詩，但她最終並未完成，而且直到20世紀方才付梓。組詩出版後，女性文學批評家們對她為這種通常極為男性化的詩體所帶來的有趣而清新的視角進行了分析。但當年羅思夫人勇敢地發表散文體傳奇《蒙哥馬利伯爵夫人的烏拉尼亞》[7]後，卻遭到惡意攻擊，結果該書因被指誹謗同時代人而遭禁售。她的社會地位也庇護不了自己。「工作吧，夫人，工作吧，」丹尼勳爵（Lord Denny）居高臨下地向羅思夫人建議道：「但是唯獨不要寫書/因為比你聰明的女人從來不寫作。」

任何膽敢發表作品的女性所面臨的困境 —— 其實就是公開的嘲諷 —— 在紐卡斯爾公爵夫人瑪格麗特·卡文迪什的遭遇中體現得淋漓盡致。她家世顯赫，出身保王派的東英吉利亞領主之家，年輕時入宮，後陪伴亨麗埃塔·瑪麗亞王后[8]流亡巴黎，在那裏與當時的紐卡斯爾侯爵、即後來紐卡斯爾公爵結識並成婚。她的特權 —— 地位和財富 —— 的確庇護了她；但是這些特權也連同她那張揚怪異的個人風格，尤其是毫不掩飾的文學抱負，一起使她很容易成為閒言碎語惡意污蔑詆毀的對象。她的婚姻是幸運的；年長她很多的公爵鼓勵她寫作。她的作品屢次遭到批評。針對其中

---

7　烏拉尼亞：希臘神話中司掌天文的繆斯女神。

8　Queen Henrietta Maria 1609–1669：法國國王亨利四世之女，1625年與英王查理一世結婚，為英王查理二世和詹姆斯二世之母。

## 克里斯蒂娜・德皮桑

克里斯蒂娜・德皮桑（Christine de Pizan），生於14世紀的意大利，長於法國，據說是第一位以寫作為生的西方婦女。她從父親那裏得到了良好的教育，丈夫過世後，25歲開始寫作，收入足以養活三個孩子、一個侄女和她自己的母親。她在自己最著名的作品《貴婦之城》（1404）中批評學術書籍散佈「眾多針對婦女及其行為的惡毒中傷」；三位寓言式的女性 —— 理智、正直和正義 —— 討論了厭女症的根源。她認為，「內在品德更高的男人或女人更為高尚」；「一個人的貴賤不在於性別，而在於品行」。

1558年，納瓦拉的瑪格麗特[1]發表了《七日談》，針對厭女症者的攻擊為婦女辯護。瑪麗・德古爾奈[2]在《論男人和女人的平等》（1622）中斷言女人和男人在智力上是平等的：「親愛的讀者，如果你不屬這個一切美好事物都被禁止享有的性別，你是多麼幸福啊。」1640年，安妮・瑪麗・范斯許爾曼[3]在《論女性心智的學習能力》中堅持認為：「凡是能使人類頭腦充滿奇異而真切的愉悅的事物，同樣適合人類中的女人。」

---

1  Marguerite de Navarre 1492–1549：法國文藝復興時期著名女作家，納瓦拉國王亨利二世的王后。《七日談》是她效仿《十日談》創作的故事集。

2  Marie de Gournay 1565–1645：法國女作家，蒙田的養女。

3  Anne Marie van Schurmann 1607–1678：荷蘭女詩人和文學家，被譽為17世紀最有才華的女子。

的一次批評，公爵評論道：「一個女性寫作，這就是罪過；如此侵犯男性特權，絕對不可赦免。」

雖然從許多方面來看，卡文迪什的處境和大多數其他女性都不相同，但是她卻非常感人地寫出了女性共同的憂慮和煩惱，尤其是因子女而生的憂慮和煩惱：「為他們幸福而操心，為他們作惡而憂慮，為他們生病而煩惱，為他們夭折而悲痛欲絕。」無論地位如何，女性無不為之所苦。卡文迪什和夫君回到倫敦後，開始創作哲學詩。正如一位現代傳記作家所說，她在「（女性和基督教）謙卑的美德」和自己的抱負之間左右為難。她理所當然地非常嚴肅地對待自己的作品，但是又經常被迫通過退守和自我貶低來為自己辯護。她抱歉地表示，寫作是有閒婦女「無害的消遣」，總比無所事事地說鄰居們的閒話要好得多。寫作是一種「合乎體統和操守」的活動。她聲辯道，不贊成這點的男人，只能希望自己的妻子和女兒「可以把時間花在不比誠實、天真而無害的幻想更糟的事情上」。

然而，卡文迪什的確從未將自己的作品當作無害的幻想。雖然她對劍橋和牛津兩所大學拒女性於千里之外的傲慢姿態持批評態度，但她還是勇敢地將兩本書題贈給它們。1653年，她出版《詩歌與幻想》時宣稱，她之所以寫作是因為「在這個時代，所有的英勇行為、公職、強大政府和雄辯的辯護都對我們這個性別關起大門……」言下之意是，寫作本身可能是一種

英勇行為；而對她那一代的任何女性來說，也許確實如此。此外，她在1655年發表的《哲學和物理學觀點》中抱怨道：

> 我們被當作籠中之鳥，在自己的房子裏上躥下跳，不得翱翔於外面的天空……我們被拒於所有的權力和權威之外，由於我們從未得到過文職或軍職，我們的意見遭到鄙視和嘲笑，我們最出色的成就在恥笑聲中被踐踏，因為男人們對自己過於自負，對我們則不屑一顧。

但事實上，她在寫於初返倫敦之時而發表於1655年的《世界雜集》的序言中指出，「如果讓我們上學，開發智力，增長知識，我們會和男人一樣擁有清晰的理解力。」

但是儘管她滿懷雄心壯志，不懈追求，卻未抱什麼幻想。甚至有時候，或許是在所難免，她會喪失勇氣。她對讀者看過自己的自傳《真實關係》後的反應曾作過悲觀的預言：「既然沒人關心她過去是誰的女兒，現在是誰的妻子，她有怎樣的成長經歷、命運或生活，那這位夫人為什麼還要寫自己的生活呢？」

果不其然，讀者往往都是很刻薄的。日記作家塞繆爾・佩皮斯[9]懷着強烈而居心叵測的獵奇心理，於

---

9　Samuel Pepys 1633–1703：英國海軍軍官，以所記日記聞名。

1667年在倫敦跟蹤了她好幾個星期，接着又讀了她關於自己丈夫的描述，最後譴責她是「一個瘋狂、自負而荒唐的女人」。雖然卡文迪什曾滿懷希望地特地將兩篇序言奉獻給女性讀者，鼓勵她們將時間花在「任何能為我們這個性別帶來榮光的事業上，因為這個性別是些從不奢求名望的可憐而沮喪的靈魂」，不過她承認，傳統限制了女性的天賦，使她們之間充滿妒意，挑剔彼此的成就，所以她也許會「遭到同性別同胞的非難」。她的確經常有此遭遇。與她同時代的多蘿西·奧斯本[10]對紐卡斯爾公爵夫人的《詩歌與幻想》一書的反應，可悲地暴露出女性 —— 甚至是知識女性 —— 自己對女性寫作不以為然的偏見嚴重到了什麼樣的程度。多蘿西聽說公爵夫人的書後，感到既震驚又可笑，於是給她的未婚夫威廉·坦普爾爵士[11]去信稱：

> 你要是見到這本書，務必給我寄一本；他們説這本書比她的衣着要過份十倍。當然了，這個可憐的女人是有點兒精神錯亂了，否則她怎麼也不會荒唐到要冒昧寫書，還要用詩歌體來寫。我半個月睡不着覺，也不會淪落到這一步。

---

10　Dorothy Osborne 1627–1695：英國貴婦，以婚前寫給未婚夫坦普爾的書信聞名。

11　Sir William Temple 1628–1699：英國政治家和外交家。

不久，她又寫信給坦普爾，告訴他不用費心了，因為她已經弄到了這本書，也已經讀過了，「……而且確信瘋人院裏還有很多比較清醒的人」。但是，既有諷刺意味又令人感到相當可悲的是，奧斯本本人寫給未婚夫的書信卻展現了一位生氣勃勃、感覺敏銳、能言善辯的女性形象。正如弗吉尼婭·吳爾夫所說：「那位沒有受過教育、慣於獨處的女孩子在遣詞造句和描繪場景方面竟有如此的天賦。」吳爾夫暗示，若換一個時代，奧斯本本可以成為一位小說家。

有趣的是，在王政復辟時期，倫敦這樣一個道德淪喪、自私自利的世界竟為女性提供了一些意想不到的機會。她們可以做演員，雖然這並不是社會所尊重的職業；事實上，女演員常常被當作妓女看待。但是此外還有一些女性成了劇作家：凱瑟琳·特羅特(Catherine Trotter)、瑪麗·曼利(Mary Manley)以及瑪麗·皮克斯(Mary Pix)，她們都有劇作問世——而且又都在1696年上演的《W. M.》中受到無情的嘲弄。瑪麗·曼利在她首部劇作的開場白中預見到了她們都將會面對的困難：

> 大幕現在由一位女士之手拉起，
> 你們會叫喊：這名字預示着軟弱，
> 流蘇和香茶才是她們全部心思的歸宿。

圖2　紐卡斯爾公爵夫人瑪格麗特・卡文迪什是一位睿智的作家，遇到凡是對被視為直言不諱或雄心勃勃的女性不友善的言行，她都予以有力的駁斥。

在這些勇於開闢新天地、毫不畏懼這種譏諷的女性中，阿芙拉·貝恩[12] 是最著名的一個。弗吉尼婭·吳爾夫窺見了些許貝恩的重要性，形容她為

> 一位中產階級女性，擁有所有的平民美德：幽默、活力和勇氣；一位由於喪夫且自己又遭某種不幸而被迫靠個人智慧謀生的女性，她不得不和男人在同樣條件下工作。通過辛勤工作，她掙到了足以養活自己的錢。這一事實的意義要遠勝於她實際所寫下的任何東西。

距今更近一些的讀者對待貝恩「實際所寫下」的東西要認真得多 —— 她是一位技藝純熟且常常富有挑戰性的劇作家，同時一些評論家發現她的生活幾乎和她的劇作同樣有趣。在成為作家之前，她遊歷甚廣 —— 或許曾到過南美洲的蘇里南；作為政府間諜，她肯定到過低地國家[13]。雖然她作為劇作家的聲名最為顯赫，但是她還創作了故事《一位貴族和他妻妹之間的情書》。一位近代傳記作家令人信服地指出，這個被忽略的故事實際上是一部偉大的色情小說，它同時也是對浪漫幻想所具有的潛能和危險的一次深刻挖

---

12 Aphra Behn 1640–1689：英國戲劇家、小說家和詩人，是英國第一位職業女作家。

13 低地國家：指歐洲西北部的荷蘭、比利時和盧森堡三國。

掘。她經常被人指責淫穢下流 —— 而男性劇作家卻免受指責。亞歷山大·蒲柏[14] 是那些嘲笑她傷風敗俗的人中最著名的一個:「舞臺上阿斯脫利亞[15] 步履風情萬種/曼妙地把所有角色都搞上了床。」貝恩為此作了有力的自我辯護:

> 如果我寫的劇作署上任何一個男人的名字,而且沒人知道是我所寫,我向所有不帶偏見的人請求評判,他們一定會說,這人寫的都是好喜劇,和時下任何男人寫得一樣好。但該死的是,女人毀掉了詩人……我珍視名譽,有如我生為英雄那般。

事實上,像《浪蕩子》這樣一部戲是一個冷靜透徹的分析,展現了女人在和男人打交道時如何使用心計、討價還價 —— 以及不可避免地作出妥協,而男人則幾乎千篇一律地被塑造成冷酷無情的剝削者。貝恩筆下的女主角海倫娜 —— 靠集於一身的幸運、機智、精於算計和裝扮技巧 —— 在和損人利己的威爾莫爾的婚姻中獲得了尊重(不過幾乎可以肯定不會獲得幸福)。但是有跡象表明,貝恩可能最同情的,也許甚至是最認同的,不是(多少有點)貞潔的海倫娜,而是妓女安傑莉卡·比安卡。正如現代批評家所指出的

---

14 Alexander Pope 1688–1744:英國評論家和偉大詩人。

15 阿斯脫利亞(Astraea):希臘神話中司掌正義的女神。

那樣，女主人公和她的創造者擁有共同的初衷。具有諷刺意味的是，安傑莉卡骨子裏是個理想主義者，孤苦無依地處於一群自私自利、工於心計的人中間。她相信引誘她的人所說的甜言蜜語，而在劇尾她遭到拋棄，留給她的只有苦澀和幻滅。貝恩的這種結局使我們心緒不寧，很不是滋味，滿懷疑問，因為貝恩以及我們所同情的，毫無疑問都是不幸的安傑莉卡。在劇本附言中，她反駁了對她抄襲的指控（女性的才能特別容易受到冷嘲熱諷，被一筆抹殺）。貝恩承認，雖然她可能從托馬斯·基利格魯[16] 先前的一部作品中「竊取了一些線索」，但是「情節和動作（不是自誇）都是我自己的」。她接着說了一句模棱兩可的話，似乎佐證了她個人對那個不幸角色抱有某種認同：「不怕各位笑話，我掛出安傑莉卡的招牌（唯一被竊取的東西）來提醒各位妙趣之所在。」[17]

16　Thomas Killigrew 1612–1683：英國劇作家和劇院經理。

17　在《浪蕩子》一劇中，高級妓女安傑莉卡掛出三幅自己的畫像作為拉客的招牌，其中一幅被浪蕩子威爾莫爾竊取。原文 where a great part of the Wit dwelt 為雙關語，既可理解為「（本劇）妙趣之所在」，亦可理解為「一位偉大智者的居所」。

# 第三章
# 18世紀：執筆的亞馬遜女戰士[1]

　　瑪麗‧阿斯特爾(Mary Astell)是最早的真正女權主義者之一，或許也是第一個探究並維護關於女性的思想的英國作家。時至今日，我們依然會認同這些思想，與之產生共鳴。在她一生中，她和其他女性打成一片，推心置腹，談論她們遇到的共同問題。雖然她篤信宗教，但是她和17世紀教派裏那些喜好爭辯的前輩們沒有什麼共同之處[2]。她非常保守，終身追隨保王黨和高教會派；只有當她洞察到女性的生活受傳統所限、思維沒有得到開發訓練時，才會變得激進起來。

　　阿斯特爾生於1666年，父親是紐卡斯爾煤炭商，在她12歲時去世。青少年時期，阿斯特爾曾陷入極度抑鬱。她寫詩傾訴自己的孤苦和無情的現實 —— 儘管她才思敏捷、滿懷自信，卻也無法想像自己會有什麼像樣的未來。21歲時，她寫過一首詩，訴說自己的挫敗感(其他許多女孩也一定有過相似的經歷)，並憂鬱

---

1　亞馬遜女戰士：希臘神話中的野蠻部落女戰士。Amazon 意為「沒有乳房的」，據說亞馬遜人會割掉女孩的右乳以便其拉弓射箭。
2　這裏暗指16世紀的宗教改革及其在宗教界所引發的大爭論。

地承認，她想像不出會有什麼生活能夠讓自己施展才華或實現夢想。

> 自然不允許我像尋常那樣，
>
> 以入朝或報國，
>
> 去博取那寶貴的少許名聲

她那時也許傾向於做傳教士：

> 為土耳其人和異教徒我或許能把福音傳遞
>
> 不遺餘力地使他們悉數皈依
>
> 但是，唉，怎奈我的性別令我無能為力……

不過，幾個月後，她僅帶着一點兒盤纏和幾位親友的住址，離家開始了漫長而艱苦的倫敦之行，這一舉動的確顯示出了非凡的勇氣。起初，她似乎曾在切爾西落過腳，並希望在那裏度過餘生。她有些遠房親戚住在那裏，但是他們並不十分樂意幫忙。不久她便陷入了沮喪，看不到出路究竟在何方。1688年，她因「無法謀生」而感到絕望，便給坎特伯雷大主教威廉·桑克羅夫特(William Sancroft)寫信求助：

> 既然神賦予了男人和女人同樣智慧的靈魂，怎麼能夠禁止他們改善這些靈魂呢？既然他沒有拒絕賦予

我們思考的能力，為什麼我們不能(至少為表感激之情)將我們的思考奉獻於他這個最尊貴的對象之上，而不是把它們用在瑣事、作樂和世俗事務之上呢？

桑克羅夫特大主教顯然被她的聰慧和虔誠打動了，他送了些錢給她。不過，更重要的是，他們建立了聯繫。不久以後，瑪麗·阿斯特爾便開始接觸到一個知識女性的圈子，她們成了她的終生好友，同情並支持她的想法。1694年，她完成並出版了自己的第一本書——《對女士們的嚴肅提議》。她在書中敦促婦女們認真看待自己：她們必須學會獨立思考，下工夫開發自己的智力、提高自己的技能，而不是一味地聽從男人們的判斷。她有一本書取名為《對教育的思考》，該書具有開拓性和真正的前瞻性——至今仍能引起人們的興趣，因為她強調了女性接受良好教育的緊迫性。她認為，女孩子必須學會獨立思考，清晰而理性地作出判斷，而不是把時間都浪費在掌握優雅的社交技巧和才藝上。

如果我們把自己的功勞都置於他們[男人]的名下，認為自己所能夠做的無非是可憐地去征服某個一無是處的人兒，而無力做一些更為崇高的事情，那我們也未免太抬舉他們而過於貶低自己了。

阿斯特爾的文筆總是那麼清楚、犀利，常常流露出睿智：「鏡子所能為你做的，還不及你用自己的頭腦認真自省時的一半。」

　　阿斯特爾的分析確實非常及時。一些現代歷史學家認為宗教改革，尤其是許多女隱修院的關閉，客觀上導致英國婦女更難受到任何形式的教育。阿斯特爾認為，女人和男人一樣能幹；她們所缺少的只是「培養、提高自身」的嚴格訓練。她慷慨地支持其他女性，例如熱情地讚揚瑪麗·沃特利·蒙塔古夫人[3]出版的書信集兼遊記——《土耳其信札》：

> 至少讓她的同性來公正地評判她吧……正如我發自靈魂深處的那樣，讓我們盡情地享有卓越天才的無上榮光，為一個女人的成功而歡樂，並且自豪地追隨她的步伐。

　　但是，「可憐的女人除了找個丈夫之外，可曾有人教她應該有一個更高的理想？」她在1700年出版的《對婚姻的一些沉思》一書中這樣問道。她十分不情願地承認，婚姻對於人類繁衍是必要的，不過她堅持認為妻子往往只是被簡單地當作「男人的高級僕

3　Lady Mary Wortley Montagu 1689—1762：英國貴婦，以書信聞名，尤其是與女權活動家阿斯特爾和安妮·蒙塔古夫人(Lady Anne Montagu)之間的書信。

· 40 ·　女權主義

人」。她警告道，任何女人「不表現出絕對服從，就決不會被丈夫這樣至高無上的君主所容納」。她在自己的第一本書裏描述了自己的理想：

建立一座世俗女隱修院，女人能在那裏共同生活，遁出塵世，保持快樂和好學的純真，「這樣一個你們母親夏娃所失去的伊甸園」。這個伊甸園裏沒有亞當的位置。在《對婚姻的一些沉思》中，她進一步闡述了這個想法，使其更加具體可行。她認為，無論女子未來命運如何，都需要建立女子大學，使她們接受全面的教育。也許在她看來更重要的是，這些大學還要幫助未婚女性；事實上，它們可以為某些女性提供人生選擇，使她們過上不必依賴男性的生活。

隨着名氣漸長，阿斯特爾經常成為嘲諷和惡毒挖苦的對象。她最終停止了寫作，但是她能夠非常有效地發揮自己的影響力。1709年，她說服自己在切爾西的一些比較富有的熟人贊助開辦了一所慈善學校。她的計劃非常及時：在1699年5月至1704年之間，倫敦和威斯敏斯特地區已建立學校54所；到了1729年，該地區共有學校132所，許多女性積極參與到學校的規劃和管理中來，並且逐漸加入了教學行列。

阿斯特爾對男性以及婚姻固執而嚴厲的否定態度無疑降低了她對許多女性讀者的吸引力。但是她對於女權主義的偉大貢獻在於，她以自己的方式敦促婦女正視自己，相信自己的判斷，通過開發自己的天賦和

自學，在生活中作出自己的選擇。她堅持認為，自己的成就一點兒也不突出；她「沒有任何理由覺得自己的理解比她的同性們更出色」。如果有什麼區別，只是由於「她的專注、她對真理公正無私、毫無偏見的愛以及對真理矢志不渝的追尋，不畏重重阻力。這是每個女人都力所能及的」。

直到18世紀末，其他女性才能夠像她那樣清晰有力地發表看法，或者提出一個類似的、同樣有力的女權主義綱領。但是在整個18世紀，女性的境況不斷改變，而且並不總是越變越好。在一個日益資產主義化的社會，在家庭作坊或家族生意中和丈夫一起打拼的婦女越來越少。對女性來說，獨立生活、養活自己或許更難了；而且，有看法認為，沒有嫁妝找丈夫難度陡增。同時，接受教育的女性人數大增，她們至少學會了讀寫。在整個18世紀，「禮儀」書籍都是直接針對女性寫的，雖然這些書大多教導的都是溫順、孝順、賢淑等「婦道」美德，而且所有的書都極力強調端莊，這個品質也常被委婉地用作貞潔的同義語。但是，更多的女性自身也在寫作和發表作品，而且體裁多種多樣；她們為數眾多，終於惹惱了那位了不起的約翰遜博士[4]，他花了不少時間嘲諷這些「執筆的亞

---

4　約翰遜博士(Dr Samuel Johnson 1709–1784)：英國著名詩人、散文家、評論家以及辭書編纂者，其警言佳句流傳甚廣，僅次於莎士比亞。辭書代表作為《英語詞典》(*A Dictionary of the English Language*，1755)。

馬遜女戰士」。在這群具有女權意識的「亞馬遜女戰士」中，最出色的要數瑪麗·沃斯通克拉夫特[5]。她的《為女權辯護》出版於1792年，直到今天依然對我們有直接的借鑒作用。然而她決不是孤軍奮戰。例如，凱瑟琳·麥考利[6]和沃斯通克拉夫特一樣，是一名激進分子，對法國革命作出過深思熟慮的回應。1790年，麥考利寫了《教育信札》，之前她已經出版了多卷本的《英格蘭歷史》。和瑪麗·沃斯通克拉夫特稍晚些的說法一樣，她在《教育信札》中聲稱，女性表面的軟弱並不是天生的，而是教育誤導所致。麥考利還抨擊了性問題上的雙重標準，堅稱一次性經驗並不會把一個處女變成蕩婦。她堅決反對那種把女性當作「僅僅是男人財產」而無權支配自身的觀念。

當然，她引起了一些讀者的不安；正如一名男子不以為然地跟一位女性朋友所評論的那樣：「我曾經希望任何一個時代都有一個這樣的女性出現，以此證明天賦並不受性別的限制……但是……你得原諒我，我們只需要一個麥考利夫人。」甚至像後來成為美國總統的約翰·亞當斯（John Adams）這樣一位同情她的讀者，也話裏有話地稱讚她是「一位擁有男性般高明理解力的女士」。瑪麗·沃斯通克拉夫特知道麥考

---

5　Mary Wollstonecraft 1759–1797：英國女作家和歷史學家，被尊為女權主義哲學的奠基人。

6　Catherine Macaulay 1731–1791：英國女歷史學家和激進政治作家。

利的作品，她寄給麥考利一本自己寫的《為人權辯護》，並附上一封信，信中說「你是唯一一位與我不謀而合的女性作者，我們都尊重我們這個性別所應該努力爭取的在這個世界上的地位」。沃斯通克拉夫特寫道：「我不認為她的理解是男性化的，因為我不同意對理性作出如此傲慢的假設；不過我認為她的理解很明智，而且她的判斷……證明，女人可以完完全全地作出判斷。」她繼續寫道，她推崇麥考利是因為她「追求的是桂冠」，而大多數女人「追逐的只是花朵」。

　　瑪麗·沃斯通克拉夫特1759年出生於一個後來並不太成功的中產階級家庭。她早年的生活令人寒心地意識到那個時代提供給女孩的教育少得是多麼可憐。大部分女孩都是在家受點教育——這種教育很少令人十分滿意，教她們的要麼是母親，要麼是缺乏訓練的家庭女教師。在18世紀後半葉，為中產階級女孩開設的私立學校蓬勃發展，但是許多這樣的學校只注重教學生如何做到優雅、彬彬有禮，為日後的「美滿」婚姻做好準備。沃斯通克拉夫特曾經在約克郡上過短期的走讀學校，不過她主要靠自學。一位做牧師的鄰居曾經借書給她看，她似乎如饑似渴地閱讀這些書，不讓自己接觸任何「僅供消遣的東西，甚至連詩歌也不行」，而是「專注於需要理解力的著作」。

　　和她那個時代缺乏足夠教育的許多女孩一樣，她發現謀生艱難。19歲那年，她在巴斯謀得一份差事，

給一位老婦人做伴，後來回家照顧瀕死的母親。此後，她靠做針線活兒勉強維持生計。她和妹妹們以及密友范妮·布拉德(Fanny Blood)一起在紐因頓格林開辦了一所學校，但是很快就失敗了(鑒於她們既無經驗，又缺乏訓練，失敗也就毫不奇怪了)，不過她至少在那個地區的新教知識分子中間結識了一些朋友。范妮不久之後結婚，陪伴丈夫去了葡萄牙。1785年，范妮即將臨產時，沃斯通克拉夫特去了里斯本，但是她的朋友卻死於難產，令她傷心欲絕。1786年，她短暫地受僱於愛爾蘭貴族金斯勃羅家族，擔任家庭女教師(依然沒有受過任何訓練)。她厭惡僱主，看不慣他們的生活方式，因此滿心怨憤，鬱鬱寡歡。後來她回到家裏照顧產後精神崩潰的妹妹。

她三十出頭時，激進的出版商約瑟夫·約翰遜(Joseph Johnson)讓她為自己新創刊的《分析評論》工作，將她從麻痺性抑鬱中拯救了出來。她開始定期為他寫寫評論，做做翻譯。顯然，她通過閱讀與寫作進行了自學。此外，這份工作，以及她與通過約翰遜認識的那些激進知識分子之間的友情，增強了她寫作的自信。1787年，約翰遜出版了她的第一本書《論女兒的教育》。本書論述有力，呼籲給予女孩機會，讓她們發展神賦予她們的才智。不過，本書的真正力量在於其中所蘊含的一股個人情感，一種顯然源於她自己在獲得教育過程中的種種艱辛的尖刻和緊迫感，以及

她對眾多時髦婦女輕薄言行的蔑視。此後不久，她又出版了《瑪麗，一個故事》。本書雖然文筆顯得粗糙，卻講述了一個女孩在一個沒有給她提供多少支持和機會的社會裏如何成長的有趣故事。（她的兩部小說的標題，即《瑪麗，一個故事》和後一部沒有完成的《瑪麗亞；或女人之委屈》，都清楚地暗示這些故事直接取材於她本人的經歷。）瑪麗聰明且富有「情感」，為了在一個沒有給她多少機會的社會裏獲得成功而奮鬥。沃斯通克拉夫特提出——並且開始探討——一些有趣的情感悖論。她的女主人公一方面強烈地反抗男性主宰和男性暴力，但另一方面卻依然夢想着父愛般的呵護；她既同情自己終成犧牲品的母親，又對她充滿怨恨。那位年長的婦人被刻畫為懶懶散散，把時間耗費在閱讀情感小說上，滿腦子都是戀愛場景。最終，在經歷了一系列失敗後，瑪麗決定為他人而活，做一個本分的「有女人味」的女人。可悲的是，她的人生就是她母親的翻版。沃斯通克拉夫特可能缺乏充分的技巧來展開筆下的人物，這本書並未引起廣泛的評論，但是它依然令人着迷、發人深省，探討了她自己所面臨的一些兩難困境。

到了1790年，沃斯通克拉夫特覺得自己已經具備足夠的自信去談論政治問題。《為人權辯護》向埃德蒙·伯克[7]立場保守的《關於法國革命的感想》發起了

---

7　Edmund Burke 1729–1797：英國政治家和政治思想家。

猛烈的抨擊，有時甚至是刻薄的人身攻擊。她指責伯克多愁善感，簡直有一種膩歪的女人氣；她把他比作「名媛」，挖空心思招人愛憐；他是個幻想家，而不是嚴肅的思想家。繼而，她偉大的女權主義論著《為女權辯護》於1792年出版。她挺身而出，「為我這個性別而非為我個人」大聲疾呼，不過她也承認「在跌宕起伏的人生中，大部分鬥爭都是由我這個性別所處的受壓迫狀態引起的」。她將法國革命中所主張的人的權利擴展到了女人，這一步看似簡單，卻甚為關鍵。

> 如果男人的各種抽象權利經得起討論和解釋，由此類推，女人的權利也不會畏懼同樣的檢驗……如果女人和男人擁有同樣的理性稟賦，那麼是誰讓男人來做獨一無二的裁判的？

沃斯通克拉夫特承認，在她所處的時代女人的確低人一等。她們從出生起就遭受壓迫，得不到教育，被與現實世界隔絕開來，因此大部分女性難免會變得無知而懶惰。

> 她們從孩提時代起就被教導美貌是女人的權杖，大腦也要和肉體保持一致，在它那鍍金的籠子裏漫步，一心想着膜拜自己的牢籠。

男性的殷勤和奉承都被看作只是企圖給女人畫地為牢，最「有女人味」的女人是最能滿足男性幻想的女人。她指出，女子氣通常只是一種人為的構建，建立在階級基礎之上，不過就是對教養——或者說所嚮往的教養——的一種急切的展示。女孩子們還是幼兒時就開始學習如何做女人。隨着年齡增長，由於別無選擇，她們便利用起這種女子氣。她認為，這無異於間接承認女性低人一等。但是，女性並非「天生」低人一等，正如窮人並非「天生」愚昧無知一樣。此外，她還說自己所認識的做事有理性或展現出任何才智的女性，無不恰巧都在孩提時代被放任自流。她不僅有力地為改進女孩教育而爭辯，也為至少普及九歲前教育而呼籲，這在她的時代是絕無僅有的。

沃斯通克拉夫特指出，任何女人想要表現得像人，都要冒被貼上「男性化」標籤的風險，而且她承認在自己這個性別裏，害怕別人說自己沒有女人味這種觀念根深蒂固。但是如果「男性化」意味着做事有理性、有節操，她建議我們都應該「越來越男性化」。雖然她為女性的潛在力量——她們從事所有智力活動的能力——而辯護，她卻嚴厲批評同時代很多女性的現實表現。「從嬰孩時代就受到母親的言傳身教」，要她們必須找一個男人來養活自己，於是她們學會了如何施展魅力、裝扮外表，直至找到一個願意養活她們的男人。她們很少思考——也沒有什麼真

**奧蘭普・德古熱**[1]

1791年，在大革命時期的法國，奧蘭普・德古熱發表了《婦女和女性公民權利宣言》，清晰有力地宣佈：女人生來自由，而且和男人平等。在德古熱的描述中，過去一個美麗可愛的女人可以獲得數不清的財富，但是她比奴隸好不了多少。現在，至少在理論上，她享有自由權、財產權、安全權以及反抗壓迫的權利，因此也應該能夠自由地走上講壇發表演說 —— 正如有時候她不得不走上斷頭臺。和男人一樣，她也受到法律的約束，也會依法遭到起訴和審判。但是，這就意味着女人也應該在公共生活中、在法律和稅收決策中承擔同等的責任，並且有權要求男人承認他自己的子女。過去，無論已婚婦女還是未婚婦女都處於劣勢地位，靠姿色過活。德古熱堅定地認為，在未來，婦女必將自由地參與男人的所有活動。在更為實際的方面，她勾勒出一份詳盡的「社會契約」，凡選擇過共同生活的女性 —— 和男性 —— 均受這份契約保護。

---

1  Olympe de Gouges 1748–1793：法國女權主義劇作家和記者。

正的情感。不過，沃斯通克拉夫特同時也承認，雖然改進教育對女性至關重要，但是它並不能改變一切：「男人和女人在很大程度上都必須接受自身所處社會的觀點和行為方式的教育」；如果沒有激進的社會變革，就不可能有真正的「女性行為革命」。她覺得在現狀下這麼多婦女無知、懶惰、缺乏責任感並不令人驚訝。

有趣但也相當可悲的是，其他女性——甚至是一些相當有學識的女性——也對沃斯通克拉夫特提出了極為嚴厲的批評。例如，漢娜·莫爾[8]甚至拒絕閱讀沃斯通克拉夫特的書，因為書的標題就「荒謬無比」；而漢娜·考利[9]則忸忸怩怩地抗議道：「政治不是女人的事。」

時至今日，沃斯通克拉夫特的《為女權辯護》乍一看似乎已經過時。但是她是一位有力的作家；她的文章樸實無華、文筆生動，往往一針見血。本書仍然非常值得一讀，而且它依然是當代女權主義的一部奠基之作。她的論述中頗多循環論證，而且由於探索性強，經常涉及新的領域，所以有時候似乎有些令人費解。她敏銳地、有時甚至是苦澀地意識到了女性在她所處的社會裏所遭遇的種種個人困境。例如，她認為

---

8　Hannah More 1745–1833：英國宗教女作家和慈善家。

9　Hannah Cowley 1743–1809：英國劇作家和詩人，被稱為18世紀後期最重要的劇作家之一。

對童年的理解是任何自知的關鍵所在。能夠認識到自身的幼稚對成熟來說至關重要：「在我能夠對我的整體存在形成一點認識之前，我一定會心滿意足地像個孩子一樣又哭又跳——渴望得到玩具，而一旦得到又會很快厭倦。」幾個月後，她給哲學家、小說家威廉‧戈德溫 (William Godwin) 寫信，難過地說：「我的想像總是背叛我，讓我陷入新的痛苦，而且我想我到這一章終結時都還是一個孩子。」

正如上文所言，沃斯通克拉夫特的小說《瑪麗，一個故事》部分基於她自己的童年以及她與父母之間緊張的關係，是探索女性成長過程的一個有趣嘗試。(它偶爾還對女主人公的情感不吝溢美之詞，正是這種真實感受的能力使她與眾不同。)沃斯通克拉夫特痛苦地認識到，童年迷茫的情感往往會主導、甚至扭曲成年的各種關係，書中對此作了描述；在我們的一生中，我們可能會不自覺地重新上演那些植根於過去的一出出戲劇。她在《為女權辯護》中說，女人幾乎沒有受到過什麼鼓勵去成為真正的成年人；她們「在還是孩子時就被製造成女人，而在她們可以永遠離開學步車時卻被帶回童年」。但是任何女孩，「只要她的精神還沒有被懶散所壓抑，她的天真還沒有被虛假的羞恥所泯滅，她就永遠是一個頑童，洋娃娃永遠也無法讓她興奮，除非把她限制得別無選擇」。

在《關於教育的思考》中，她堅稱婚姻的基礎應

該是友誼和尊重，而不是愛情；在《為女權辯護》中，她不屑一顧地聲稱，大部分女性為愛神魂顛倒，夢想着與某個真正愛自己的理想男人相愛而得到幸福，這不過是因為她們的生活極度空虛而已。不過沃斯通克拉夫特自己並未做到言行如一，她默認自己所研究的問題並沒有簡單的解決辦法。但正是部分因為如此，她才成為魅力持久的作家。她悲哀地承認，即使是最有理性的人也可能會成為「狂熱而持續的激情」的犧牲品；正如她付出了代價後所發現的那樣。1793年，她去巴黎時遇到並愛上了美國冒險家吉爾伯特·伊姆利(Gilbert Imlay)。在經歷了最初的一段甜蜜之後，她在信件中開始抱怨他明顯對自己不聞不問，流露出越來越多的絕望。她懷了伊姆利的孩子，心情萬分沮喪，但依然努力地寫作《法國革命起源與進程歷史綜覽》。她對法國革命中女革命者的態度至少可以說是比較曖昧，考慮到她的個人情況，也許是受到了焦慮情緒的影響，急於以此顯示自己的高貴。1789年10月，巴黎的女商販們遊行到凡爾賽宮，衝進宮殿向國王提出抗議，沃斯通克拉夫特卻毫無同情之心。她對此無比恐懼，說她們是「市民中最低賤的垃圾，一群拋開一種性別的德行而只會吸取另一種性別的惡習的女人」。

孩子范妮出生後，她為了伊姆利的生意(帶着孩子和保姆)去了瑞典。她此行的《信札》於1796年出

圖3　瑪麗‧沃斯通克拉夫特是最早為婦女權利——以及她們經常遭受的
　　不公正待遇——奮筆疾書的英國女性之一。她文風雄辯有力，語氣
　　有時義憤填膺。她的作品長盛不衰，許多現代女性依然如饑似渴地
　　閱讀她的作品，並大加讚賞。

版，（和她從巴黎寫的信件不同，）既有洞察力又引人入勝。但是當她回到倫敦時，卻發現伊姆利和另一個女人同居了。她跳泰晤士河自殺未遂，最終嫁給了威廉·戈德溫。

她於1797年去世，身後尚未完成的第二部小說《瑪麗亞；或女人之委屈》是一部純粹的情節劇[10]；但是也許只有情節劇的誇張才有助於她抒發對於女性處境所一直懷有的憤怒和挫敗感。她的女主人公瑪麗亞被歹毒而奸詐的丈夫送進了瘋人院，因為他覬覦她的財產。「難道這世界不就是一個大監獄，女人們天生就是奴隸嗎？」她問道。

或許這本書最有趣的部分是瑪麗亞和她的看守（一個叫傑邁瑪的女人）成了朋友。瑪麗亞發現傑邁瑪遭遇之悲慘絕對不亞於自己。傑邁瑪童年飽受典型的惡毒繼母摧殘，之後被趕去當學徒，結果慘遭師傅強姦而懷孕。孩子流掉後，傑邁瑪成了小偷，遭人誘姦後又被拋棄，於是開始在「名聲不好的院子」[11]裏工作。她逃到一家濟貧院尋求庇護，後來被瘋人院老闆僱用，最終發現瘋人院的老闆竟也盤剝壓榨瘋人院裏的病人。這部小說裏儘管有各種哥特式的誇張，但是卻提出了一個激進的觀點：在男性主宰的世界裏，中產

---

10　情節劇：西方感傷戲劇的一種，追求聳人聽聞的奇異情節和壯麗場面，大多表現善惡鬥爭，結局通常懲惡揚善，皆大歡喜。

11　「名聲不好的院子」：即妓院。

階級女性和工人階級女性都可能會發現自己遭到掠奪而無可奈何。

沃斯通克拉夫特最後一部小說遭到一位男性友人的批評，她為此憤怒地辯護道：

> 您居然認為瑪麗亞的遭遇無足輕重，我對此感到既氣憤又驚訝；我只有想到您是男性，才能解釋您這種——恕我直言——缺乏憐憫之心的表現。

她的這個意見非常嚴肅，這也是她留給後世的遺產：女人必須大膽說話，講述她們自己的生活經歷，表達她們的切身感受，說出她們自己的希望和被欺騙、被不公正對待的感覺。

沃斯通克拉夫特留下的筆記勾勒出了筆下女主人公極為慘淡的未來：「丈夫強迫離婚——情人背叛——懷孕——流產——自殺。」沃斯通克拉夫特很可能從未想過要為她安排一個令人信服的圓滿結局。她本人雖然十分短暫地在威廉·戈德溫那裏獲得了安寧和滿足，卻在結婚幾個月後死於生產。這是她的第二個孩子，也取名瑪麗，長大後將會嫁給詩人珀西·雪萊[12]，寫出那部非同尋常而又令人不安的小說——《弗蘭肯斯泰因》。

---

12　Percy Shelley 1792–1822：英國浪漫派詩人，一生追求個人解放與社會正義，是英語文學中最偉大的詩人之一。瑪麗·雪萊(Mary Shelley，1797–1851)：英國傳奇和哥特式小說家。

## 小說

在整個18世紀，越來越多的女性開始閱讀散文體小說，因為其中反映或評論了她們自身所懷有的希望和遭遇的困難。但是她們自己也在寫小說，所探討的往往都是自己生活中的機遇和問題。她們中有些人專注於描寫日常家居生活；她們中的佼佼者——范妮·伯尼（Fanny Burney），有時當然也包括簡·奧斯汀——則會就女孩所面臨的選擇提出嚴肅的問題，特別是涉及婚姻及其後果的問題。

「哥特式」小說通過離奇的情節來表現同樣的問題，極受讀者追捧。在許多故事中，純真無邪的女主人公發現自己身陷一個噩夢般的世界，不得不奮力反抗企圖奪走自己貞操乃至生命的惡漢。塞繆爾·理查森[1] 筆下的女主人公——帕美勒（1741）最終贏得了自己的男人，而克拉麗莎（1748）則充滿了悲劇色彩——的「情感」這個特點被表現到了極致。安·拉德克利夫[2] 的《尤道弗的神秘事件》（1794）和《意大利人》（1797）比沃斯通克拉夫特的《女人之委屈》稍晚一些，是後者的翻版，不過要更為老練一些。簡·奧斯汀在《諾桑覺寺》（1818）中情有獨鍾地戲仿了哥特式的誇張離奇。然而，雖然她筆下天真的女主人公在幻想上要略遜一籌，卻要面對更為糟糕的東西：十足的自私和殘忍。哥特式小說的過份鋪陳為女性讀者及作者提供了一個有效的途徑，使其得以發掘自己的情感，直面自己關於男人、婚姻以及個人生活中各種選擇的陰暗幻想和恐懼。

---

1　Samuel Richardson 1689–1761：英國小說家和出版商，其小說《帕美勒》常被稱為英國第一部小說。

2　Ann Radcliffe 1764–1823：英國最具代表性的哥特小說女作家，擅長在恐怖描寫中加入浪漫氣氛。

# 第四章
# 19世紀早期：變革中的女性

19世紀，女性的訴求得到越來越廣泛、越來越清晰的表達——或許這是對當時出現的真正「女子氣質」形象作出的反應，隨着世紀時光的流逝，這種「女子氣質」似乎變得愈加狹隘：成了一種建立在階級基礎之上的有關教養和優雅的理想。但是，雖然許多女性(以及男性)雄辯地宣講自己的觀點並且身體力行，不過直到這個世紀下半葉，才開始出現有組織的運動——尤其是爭取改進女性教育、外出工作機會、修改涉及已婚婦女的法律以及選舉權的運動。

1843年，已婚婦女瑪麗恩‧里德(Marion Reid)在愛丁堡出版了《為女性申辯》，被譽為繼瑪麗‧沃斯通克拉夫特的《為女權辯護》之後女性所作的最徹底、最有效的申述，這個評價毫不為過。里德涉及了改革者們在這個世紀餘下的時間裏所專注的大部分領域，然而本書並未得到應有的關注。(當時，本書讀者眾多，數次再版，不過它似乎在美國比在英格蘭更受歡迎。)同時代的人——她承認這些人大多是女性——自信十足地談論「女人的領域」，把女人味和

自我犧牲畫上等號，里德對此作了冷靜而大逆不道的分析。「有女人味」的舉止實際上就是「關心體貼丈夫，保持子女乾淨整潔，用心料理家務」。但是里德比同時代的任何人都更堅定地認為，這種貌似崇高偉大的「自我犧牲」實際上通常包含着「極其可恥的自我泯滅」。

大部分女孩所受的教育只會「束縛和限制」她們。她聲稱：「任何獨立思考的表現都會馬上受到壓制……大部分女孩都被馴服成了機器人。」許多女性為了「能夠接受良好扎實的教育」，所面臨的幾乎是無法逾越的困難，里德對此也進行了嚴厲的批評。大部分女孩被撫養得「機械地履行職責……而她們自己的頭腦卻始終陷於貧瘠和荒蕪之中」。這個教育問題在整個19世紀都一直顯得舉足輕重；自瑪麗·阿斯特爾和瑪麗·沃斯通克拉夫特時代以來，看來幾乎沒有什麼改變。女孩教育——無論在家受教於往往本身也沒有受過什麼正規培訓的女家庭教師，還是在難如人意的學校學習——始終是有一搭沒一搭的。

雖然里德認為大部分女性都是以「一種冷漠、生硬、機械、沒有愛、無精打采的方式」對待家務，她還是謹慎地承認女性有責任做家務。她承認，現實生活中，家務活兒一定會佔據女性生活的一部分，「甚至或許是主要部分」。但是她認為女人沒有理由一定要被限制在家務勞動中。她略帶遲疑地承認，她可以

部分地「委身」「於男人」。但是，她問道：「如果女人的權利和男人的不一樣，那麼她們的權利是什麼？」她承認，在某種意義上「女人是為男人而生，但是從另外一種更高層次的意義上說，女人也是為自己而生」。在她看來，無知並不等於美德。

但是，生活在「枷鎖之下」的已婚婦女無權處置自己的財產；甚至連自己的勞動成果也要聽憑丈夫的處置。只要丈夫願意，他可以將其據為己有，「肆意揮霍浪費」。更有甚者，「她的孩子，和她的財富一樣，也是她丈夫的財產」。

對於那個時代來說，里德最激進的言論是她堅稱「女子氣質」和參政投票一點兒也不矛盾。畢竟，女人和男人一樣，是「有理性、有道德、負責任的動物」。她小心翼翼地聲明，她並不特別希望看到女議員的出現；很可能沒有幾個女性會「同意被選中」，也沒有幾個投票人會選擇她們。但是如果真的有女性「有能力或者願意跨越自然的阻礙」，她認為沒有理由不讓她們參加競選。

19世紀最著名的兩篇女權辯護出自男性之手，不過兩位作者——威廉·湯普森[1]和約翰·斯圖爾特·穆勒[2]——都承認受到了自己妻子的影響和啟發。有趣

1　William Thompson 1775–1833：愛爾蘭政治學家和社會改革家，從實用主義立場出發批判資本主義對勞工的剝削和對女性的壓迫。
2　John Stuart Mill 1806–1873：英國哲學家、經濟學家和政治評論家。

的是，這兩位女性都受過良好教育而且口齒伶俐，卻都不願意站出來為自己説話。這是由於害怕打破習俗用自己之口説話而感到緊張呢，還是僅僅出於一種策略上的考慮，認為男人的辯護會更受重視呢？

1825年，出生於愛爾蘭的威廉·湯普森出版了他的《人類的一半女人對人類的另一半男人得以維護政治奴隸制以至公民和家庭奴隸制的權力的控訴》。他形容這本書「至少是一個男人和一個女人」對「人類一半成年人受欺壓的抗議」。這本書是獻給孀居的安娜·惠勒（Anna Wheeler）的，感謝她所給予的靈感。安娜·惠勒15歲時就被嫁人，和丈夫育有六個孩子。但是安娜發現丈夫是個酒鬼後，鼓起勇氣離開了他。1818年，她在法國呆了些時間，在那裏接觸到了空想社會主義者。兩年後，丈夫去世，她回到倫敦，因熱衷改革運動而出名。她遭到了像本傑明·迪斯累里[3]這樣的人物的攻擊。迪斯累里諷刺安娜「界於傑里米·邊沁[4]和梅格·梅里利斯[5]之間，非常聰明但革命得可怕」。

湯普森贊成並表達了安娜·惠勒的激進觀點。他

---

3　Benjamin Disraeli 1804–1881：英國政治家，兩度出任首相(1868, 1874–1880)，為現代保守黨的成立奠定了基礎。

4　Jeremy Bentham 1748–1832：英國哲學家、經濟學家和法學理論家，功利主義最早的和主要的闡釋者。

5　Meg Merrilees：一個半瘋癲的吉卜賽女人，為司各特(Sir Walter Scott 1771–1832)的《蓋·曼納令》(*Guy Mannering* 1815)一書中的重要角色。

在給她的信中寫道：「我聽說您憤然拒絕了和男人這種東西彼此平等的恩惠，我願和您一道平等地促進兩性進步。」本書集中關注的是已婚婦女的境況，當時已婚婦女已經淪為「一份會移動的財產、一個永遠聽憑男人使喚的僕人」。對於已婚婦女而言，家變成了「牢房」。房子本身，連同房子裏的一切，都屬丈夫，「而且在他所有的附屬物裏，最低賤的要數他的生育機器 —— 妻子」。事實上，已婚婦女就是奴隸，她們的境況比「西印度群島的黑人」好不了多少。母親們被剝奪了對子女和財產的權利，大部分都被當作「上等傭人」使喚。

本書部分是為了回應詹姆斯・穆勒[6]的《論政府》一書。該書當時非常有名，認為女人不需要政治權利，因為她們的父親或丈夫足以代表她們。「那些既沒有父親也沒有丈夫的女人怎麼辦呢？」湯普森問道。接着，他不遺餘力地嚴詞抨擊了認為夫妻權益始終如一的愚蠢想法，痛斥這種不公正的情形。他還盼望有一天，所有階級的孩子，無論男孩還是女孩，都將獲得平等的待遇，接受平等的教育。

安娜・惠勒後來成為一位有影響力的女權作家和演說家。可悲的是，她自己的女兒強烈反對她的激進思想，聲稱她

---

6　James Mill 1773–1836：英國哲學家、歷史學家和經濟學家，為哲學激進主義的重要代表。

不幸深受法國革命惡毒謬論的影響，那時這種謬論幾乎已經傳染了整個歐洲，而且……她還深受沃斯通克拉夫特夫人的書所毒害。

有趣的是，威廉‧湯普森也批評過瑪麗‧沃斯通克拉夫特，但批評的理由卻正好相反：他批評她「眼界狹窄」，「結論中透着膽怯和無能」。（或許這暴露出他本人缺乏歷史意識。）不過他號召女性對教育、公民權利和政治權利提出自己的要求。他感到，從長遠來看，這也會使男性受益：

既然奴役你們使男人戴上了無知和專制的枷鎖，解放你們會使他們獲得知識、自由和幸福。

1869年，約翰‧斯圖爾特‧穆勒出版了《論女性的從屬地位》，書中也認為奴役女人是錯誤的，是「人類進步的主要障礙之一」。（具有諷刺意味的是，他是詹姆斯‧穆勒的兒子，而詹姆斯‧穆勒對於女性的保守觀點則使威廉‧湯普森義憤填膺。）1830年，穆勒結識了哈麗雅特‧泰勒(Harriet Taylor)並深受她的影響。哈麗雅特當時已經結了婚，有兩個年幼的兒子。兩人保持了近20年的親密友誼，最終在1851年哈麗雅特丈夫去世兩年之後得以結婚。1851年，哈麗雅特在《威斯敏斯特評論》上發表了一篇關於「婦女選

舉權」的短文。她還寫過一些文章抨擊婚姻法，宣稱女人對她自己所生的孩子擁有權利和義務。不過有趣的是，這些文章都沒有發表。當她最終和穆勒結婚後，他說他感到有責任發出「一個針對現行婚姻法的正式抗議」，理由是現行婚姻法賦予男性「合法控制婚姻另一方的人身、財產和行動自由的權利，絲毫不考慮女性自己的意願和意志」。穆勒承認

> 這個觀點之前在我心裏不過是一個抽象的原則……《論女性的從屬地位》這本書針對女性能力受限的大量實際遭遇所表述的看法，主要都是來自她(哈麗雅特)的教誨。

穆勒在《論女性的從屬地位》中的論述基於他的信仰，他認為當時存在的——而且顯然是不平等的——兩性關係決非自然的結果。「有主導權的人會認為這種主導權不是天經地義的嗎？」他問道，並舉例說美國奴隸貿易的獲益者一直到那時都在為奴隸貿易辯護。我們現在稱之為女子氣質的東西是人為製造出來的，「是朝着某些方向強制性壓迫、朝着其他方向不自然激勵的結果」。他似乎是逐漸才認識到這一點的，很可能是受了哈麗雅特的影響。1832年，他們相識後不久他還曾寫信跟她說：「女性偉大的職責應該是美化生活……把美、精緻、優雅四處播撒。」

## 19世紀美國女權主義

在19世紀的美國，女權主義興起於廢奴運動。女性在廢奴運動中表現得非常活躍。從19世紀30年代開始，廢奴團體數量激增。但具有諷刺意味的是，一些廢奴團體只接納白人。在1840年倫敦召開的世界廢奴大會上，與會的美國代表中便有伊麗莎白‧卡迪‧斯坦頓(Elizabeth Cady Stanton)。但是大會禁止婦女參加辯論，這促使斯坦頓和柳克麗霞‧莫特(Lucretia Mott)成為女權主義者。1848年，她們在紐約州塞尼卡福爾斯組織了一次婦女大會，並為婦女、也為黑人爭取包括選舉權在內的各項權利而奔走吶喊。薩拉‧格里姆凱(Sarah Grimke)和安吉利娜‧格里姆凱(Angelina Grimke)姐妹出身於南方蓄奴家庭，卻皈依了貴格會，成為熱情而卓有成效的廢奴運動者。1836年，安吉利娜發表了《致南方諸州基督教婦女的呼籲書》，兩年後又發表了《兩性平等信札》。她憤怒地反駁了批評她有違婦道的言論。奴隸出身的索傑納‧特魯思[1]嘲笑了那些固執地認為女人需要男人保護的教士們。她在南北戰爭和奴隸解放之後慷慨陳詞，抨擊雖然給予先前的奴隸選舉權——卻僅限於男性。1920年，婦女獲得了選舉權。然而直到1970年，選舉權才賦予全體黑人。

---

1 Sojourner Truth 1797–1883：美國黑人女傳教士、廢奴運動者和女權運動者。

但是在《論女性的從屬地位》中他否認

> 任何人都知道，或者是能夠知道，兩性的本質，只要觀察角度不超越彼此間的現存關係。所有道德準則和當世輿情都告訴他們，女性的職責和天性就是為他人而生。

　　他認為，鑒於女性所受教育之匱乏，生活圈子之狹窄，女性尚未提出什麼「真知灼見」並不令人驚訝。他還宣稱她們尚未創作出「她們自己的文學」，這種說法倒更加令人懷疑了。安·拉德克利夫、范妮·伯尼、簡·奧斯汀、蘇珊·費里爾[7]以及勃朗特姐妹[8]：她們似乎都未進入他的法眼。

　　穆勒相信，在理想的世界裏，男人和女人會彼此類似：男人會更加無私，而女人也會從社會認為她們應該具有的「誇張的自我克制」中解脫出來。穆勒從未論及離婚問題。但是他堅持認為，不立刻給予女性和男性同等條件的選舉權是不公正的。他表示，事實上她們中有許多人都比現在的某些投票人更值得擁有

---

7　Susan Ferrier 1782–1854：英國小說家。

8　勃朗特姐妹（the Brontë sisters）：英國作家，即夏洛蒂·勃朗特（Charlotte Brontë 1816–1855），代表作為《簡·愛》（*Jane Eyre* 1847）；愛米麗·勃朗特（Emily Brontë 1818–1848），代表作為《呼嘯山莊》（*Wuthering Heights* 1847）；安妮·勃朗特（Anne Brontë 1820–1849），代表作為《艾格尼絲·格雷》（*Agnes Grey* 1847）。

選舉權。1866年，穆勒將女性的第一份選舉權請願書遞交議會，而且提議對1867年通過的《改革法案》作出有利於女性的修正。

一些現代女權主義者批評穆勒，說他關注的幾乎都是已婚婦女，而忽視了諸如女兒或單身女性的處境。但是已婚婦女——正如里德和湯普森早先曾經認識到的那樣——至少從法律上說，確實是特別脆弱無助的。妻子所可能面臨的問題在臭名昭著的卡羅琳·諾頓（Caroline Norton）一案中表現得淋漓盡致。卡羅琳·諾頓生於1808年，是劇作家理查德·謝里丹（Richard Sheridan）的孫女，天生麗質，活潑開朗，受過良好教育。她原先肯定從未想過要成為一名女權鬥士。事實上，她曾經斷言自己「永遠不會妄求瘋狂而荒唐的平等說教」。她曾經承認，她之所以結婚，部分是因為她「特別害怕」以後會「活了一輩子到死還是個老姑娘」。但是1826年，她婚後不久便發現自己嫁給了一個根本談不上情投意合的丈夫。夫妻關係逐漸惡化，終在大打出手中破裂。最後，諾頓不僅拒絕妻子支配她自己的財產（她繼承的全部遺產以及她後來的所有收入），還禁止她和三個孩子有任何接觸。他出於報復，將她推到公眾苛責的風口浪尖，（很可能是莫須有地）指控她和時任首相的梅爾本勳爵（Lord Melbourne）通姦，使她成為醜聞的焦點。雖然這個案件最後法庭並未受理，但不難想像卡羅琳·諾頓感覺

自己受到了侮辱和背叛，她的聲譽也因此永遠地蒙上了污點。

諾頓無法訴諸法律來捍衛或保護自己，或者要求探視孩子的權利，因為她發現，已婚婦女在法律上是不存在的。她抱怨道：「事實上我可以像一個擁有正當職業的聰明男人那樣養活我自己，但在法律上我卻感到如此的孤苦無助、仰人鼻息，這真讓人難以接受。」1838年，她支持通過一項旨在改革《兒童監護權法》的法案。此前，該法僅允許母親對七歲以下子女擁有有限的一點權利。1854年和1855年，她根據自己的遭遇製作了兩本小冊子：《對〈兒童監護權法〉導致母子隔離的思考》和《19世紀為女性制定的英國法律》，均贏得了廣大讀者。她寫道：「我一點一點地瞭解了關於已婚婦女的法律，但是它在保護措施上的每個漏洞都讓我吃盡了苦頭。」1855年，在《致女王陛下的信》中，她支持一項改革婚姻和離婚的提案。她寫道：「竊以為，我可以作為一個例子，說明應該改革一部相關法律。」1857年，一部《離婚改革法》獲得通過，但是女性可以提出離婚的法定情形依然非常有限。

諾頓的人生凸顯了已婚婦女地位上的一些殘酷的畸瘤，不過她的人生決非獨立的個案，甚至也談不上非同尋常。譬如，夏洛蒂·勃朗特在去世前不久結婚，結果卻發現丈夫擁有自己小說的版權，還將自己

的全部收入據為己有。但是卡羅琳‧諾頓在19世紀50年代中期其他女性開始集會討論女性問題並很快繼承了她的案例所宣揚的事業時，卻對她們敬而遠之。事實上，一個由「蘭厄姆廣場女士」[9]這個團體建立的「已婚婦女財產委員會」，很可能是英格蘭第一個有組織的女權主義團體。但是卡羅琳‧諾頓也許是覺得自己已經過度地暴露在公眾的視線裏，也許是急於至少挽回些許聲譽，她和這個團體保持了距離。

弗洛倫絲‧南丁格爾（Florence Nightingale）是另一位傑出的女性，她斷然拒絕參加正在興起的婦女運動，不過從長遠來看，她的所作所為相當鼓舞人心，比她實際所說的話要有效得多。她的名言是「我對我這個性別的是非曲直毫不關心」，而且她堅持認為之所以有女性失業，「是因為她們不願意工作」。她曾經說過，她願意高薪聘請一位女性擔任自己的秘書，結果卻找不到一位有能力或者有意願做這份工作的女性。但是，她本人強烈反對社會劃分性別界限和限制女性生活的做法。南丁格爾身為大家閨秀，她抱怨說自己是矯揉造作的有閒女子氣質的犧牲品。她語帶譏諷地問道，為什麼「男人做精紡活兒、每天坐着馬車出門就比女人這麼做更加荒唐可笑呢？」「為什麼我們看到一群男人早上圍着桌子坐在客廳裏就要發笑，而女人這麼做時就覺得很正常呢？」

---

9　蘭厄姆廣場女士：參見第五章。

南丁格爾承擔了一些典型的女性職責 —— 照顧祖母和年邁的保姆 —— 之後，似乎對護理萌生了興趣。但是隨着她對這項工作的興趣日益濃厚，終於激起了強烈的反對，母親和姐姐芭斯諾普（Parthenope）不斷地要求她花時間陪伴她們。1844年，家人斷然拒絕讓她去索爾茲伯里醫院做事。南丁格爾曾經憤憤不平地說：「沒有什麼能和一個優裕英國家庭的暴政相媲美。」她聲稱大部分女性「除了家庭之外，既沒有上帝，也沒有國家，對它們也不承擔絲毫責任」。然而在1849年，她想方設法去了一次德國的凱撒斯韋特 —— 一家由信義會[10]女執事們開辦的孤兒院及醫院。雖然她批評那裏的護理和衛生條件差，但是她也承認「我對這裏的一切都興趣盎然，在這裏我感到身心愉悅」。但是，她37歲時在一部自己稱為《卡桑德拉》的小說片段中，依然憤憤不平地問道：「為什麼女人擁有同情心、智慧、德行 —— 這三樣東西 —— 但在所處的社會環境中卻一樣也用不上？」

　　1853年，她的生活發生了改變。父親不顧母親的強烈反對，決定每年給弗洛倫絲五百英鎊生活費。她終於擺脫了家庭暴政。同年8月，她當上了哈利街患病婦女護理會的常駐監督。她已經下定決心，要竭盡所

10　信義會：基督教新教重要派別，源自16世紀的宗教改革運動，信奉「唯獨《聖經》」、「唯獨因信稱義」，認為耶穌之死已為世人贖了原罪，人因信心蒙恩才得以稱義。

能學習一切和護理有關的知識。她常常黎明即起，研讀政府藍皮書[11]。不過她仍然不時感到擔心，不知一個女人獻身於「醫院及其他地方的慈善工作」是否「合適妥當」。1854年，在一場霍亂爆發中，她在倫敦的米德爾塞克斯郡醫院工作。

在克里米亞戰爭[12]期間，南丁格爾已經聲名鵲起，她受邀率領一群護士前往斯庫塔里[13]。不久，她便成了民族英雄。具有諷刺意味的是，當時她被熱情地譽為一位真正具有「女子氣質」的女性——一位實實在在的護理天使，一位放棄奢華的上流社會生活而給克里米亞的傷兵帶來慰藉的女性。「提燈女士」這個形象廣為流傳，成為讚譽她慈悲胸懷、良好教養、溫文爾雅和高雅風度的標誌。南丁格爾確實對病人非常關心，對普通士兵滿懷同情。但是她最大的貢獻也許在於，她是一位效率卓著、頭腦清晰的管理者。「我現在負責英國軍隊的穿衣問題，」當時她寫道，「我實際上就是廚子、管家、清潔工……洗衣婦、日用雜貨商、倉庫管理員。」毫無疑問，克里米亞戰爭期間

---

11　藍皮書：英國政府文件，又名《英國議會文書》，始於15世紀英國議會出版物，因封面為藍色而得名。

12　克里米亞戰爭：1853年爆發於俄國和奧斯曼土耳其之間的一場戰爭，1854年英國、法國加入奧斯曼土耳其一方對俄作戰，1856年俄國戰敗。由於指揮失當，加之瘟疫流行，雙方均傷亡慘重。

13　斯庫塔里：當時土耳其首都君士坦丁堡的一個區，因同名湖泊而得名。

圖4　弗洛倫絲‧南丁格爾是一位民族英雄——「提燈女士」——正如
　　本圖所示,她之所以廣受讚譽,往往是因為她對克里米亞的傷兵所
　　表現出的同情和女性柔情,而不是因為她異常傑出的管理和組織才
　　能。

及之後的幾年是她一生中最愜意、各方面都最快樂的一段時光。

　　這麼說是因為戰爭結束後她不願就此停下工作，而是雄心勃勃地開始對英國軍隊進行健康調查。她後來臥床休息了很長時間——一個對流行的「女性」脆弱進行戲仿的習慣——只是為了有時間更加有效地工作，不受母親和姐姐各種要求的干擾。她始終是一個有趣的悖論：表面上，她是「女性」自我犧牲和甘於奉獻精神的典範，這一名聲已被廣為傳頌；而事實上，她是堅毅果敢、乃至英勇無畏地堅持己見的榜樣，為女性打開了希望之門。她的事蹟無疑促使人們接受這樣一種觀點，即女性接受某種專門的職業培訓之後，可以走出家門或家庭作坊從事工作。

　　同樣，哈麗雅特·馬蒂諾[14]也堅持認為自己為婦女所進行的辯護是理性的，不帶任何個人感情色彩。馬蒂諾自視一名教育者，她不屑一顧地認為瑪麗·沃斯通克拉夫特事實上危害了婦女事業。她的第一本書——《政治經濟學的解說》——於1832年面世。她時年30歲，還是一個默默無聞的鄉下人。這本書反響很好，她成了專門普及經濟學和社會學理論的一名記者，讀者甚眾。馬蒂諾曾在美國遊歷，期間和那裏的

---

14　Harriet Martineau 1802–1876：英國散文家、小說家、經濟和歷史著作作家。

廢奴主義者一起工作過，她將他們關於奴隸的論辯應用在婦女身上：

> 拒絕給予公平正義的最好理由莫過於強者治人、弱者治於人。在兩種情況下，受壓迫者中多數人的默認和少數人的強烈不滿均一方面表明這個階級遭受着壓迫，一方面又證明這個階級應該享有人權。

與此同時，她始終拒絕支持「婦女事業」，認為「女人和男人一樣，必須獲得適合自身的東西」，這或許暴露了她缺乏遠見。《美國社會》出版後，幾十位婦女寫信給她，訴說英格蘭的「法律和習俗」是如何壓制了她們，尋求幫助以改變現狀。其他一些婦女則表示，只要她願意出謀劃策，自己願意拿出「資金、精力和忍受指責謾罵的勇氣」。但是自始至終，馬蒂諾顯得惴惴不安，避免公開表露自己的情感。她對卡羅琳·諾頓這樣的女性沒有絲毫同情之心。馬蒂諾覺得，卡羅琳為改變婚姻法而將個人問題抖摟出來的做法簡直是「顏面掃地」。然而，出人意料的是，她存世的寫給母親的一些書信裏卻流露出她對自己選擇獨立生活的真切焦慮，讀來相當感人。

> 我完全可以想像您和我有時都會覺得我好像沒有盡到一個女兒的義務，不過我們都應該提醒自己，我

現在和您任何一個有職業的兒子一樣，也是一位世界公民。我獨自工作和外出訪問的時候，就很難照顧您了。

她從未完全處理好個人抱負和當時女性行為規範之間的矛盾，這或許是可以理解的。35歲那年，馬蒂諾得到一個工作機會，出任一份新創刊的經濟學期刊的主編，這原本意味着名利雙收，意味着個人抱負得以實現，也意味着她對婦女的期望如願以償。她猶豫不決。後來，弟弟詹姆斯來信表示反對，於是——顯然有些如釋重負——她婉拒了這個工作機會。不久，她寫了一部引人入勝的小説——《迪爾布魯克》。這部小説以間接的方式，不僅探討了她自己的恐懼、希望和猶疑，還探討了當時依然困擾着同時代女性的那些疑惑和問題。馬蒂諾於1876年辭世。

到了19世紀中葉，已經有一大批婦女在為實現具體的變革、為其他婦女開闢新天地而默默奮鬥着，令人刮目相看。例如，弗朗西絲·鮑爾·科布[15]回憶起自己在布賴頓上過的那所昂貴的寄宿學校時滿腹怨言。她説，那裏簡直糟糕透頂：學生們擠在一間屋子裏，圍坐在桌邊，「咣咣噹噹叫人煩得要命」；樓上丁零咚隆地敲着鋼琴，樓下一屋子女孩對着女老師朗

---

15 Frances Power Cobbe 1822–1904：愛爾蘭作家、社會活動家和女權主義理論家。

讀背誦課文。她逐漸意識到，自己的經歷非常普遍。女孩教育亟待改進。她猜想，祖母時代的學校很可能比自己這個時代的學校還要好一些。儘管科布的早期教育不如人意，但是她堅持寫作，文筆生動，思想深邃，所談問題不僅局限於教育，還包括單身及已婚婦女所面臨的其他困難。

例如，她曾頭頭是道地談論過陷於不幸婚姻的婦女的遭遇。她寫道，「我們習慣於聽人們講醉醺醺的惡棍跌跌撞撞地走出酒館摸回家」，毆打可憐的妻子。但是「誰能想到出身高貴、受過良好教育且擁有體面職業的男人竟也會犯下同樣的暴行？」她有時會陷入多愁善感的俗套：

> 我們想要(女人的)愛律意識來完善男人的公義律意識；我們想要她的影響力通過內心溫柔的勸慰激發德行，以此來完善男人的外在道德立法……我們想要她細心的天賦、她對長者和受苦受難者的溫情、她對孩子需求的理解……

但是作為一名享有盛譽的記者，她支持女性接受大學教育，並且默默地推動《已婚婦女財產法》的出臺。然而，她始終堅稱自己的女權主義不帶任何個人感情色彩，不過她對此的過份強調倒顯得有些此地無銀三百兩：「如果我在成熟之年成了一名『女權婦

女』，這並不是因為在我個人身上有人讓我感受到了女人的冤屈。」

**小說中的婚姻**

婚姻一直是19世紀小說家筆下十分重要、同時也十分令人着迷的主題，但是夫妻關係卻鮮有令人特別滿意的表現。在夏洛蒂‧勃朗特的《簡‧愛》（1847）中，女主人公和羅切斯特先生的愛情是一場更為精妙、更加令人難忘的哥特式傳奇劇，不過她獲得了一個相對幸福的結局——發生在羅切斯特落得身體殘疾、無依無靠之後。蓋斯凱爾夫人（Mrs Gaskell）筆下的女主人公都想要獲得一些傳統習俗所未能賦予她們的東西，無論這種想法表現得有多麼隱晦。瑪麗‧安‧埃文斯（Mary Ann Evans）——有趣的是，她的筆名叫喬治‧艾略特（George Eliot）——在《弗洛斯河上的磨坊》（1860）中探討了往往難以相處的兄妹關係。在《米德爾馬奇》（1871–1872）中，聰明但有些理想主義的多羅西婭，渴望將自己的生命奉獻給某件值得去做的事——或者某個值得去愛的人——卻很快陷入了不幸的婚姻。雖然她最終與另外一個男人獲得了某種意義上的幸福，但是她還是覺得自己本來可以做得更好。喬治‧梅瑞狄斯（George Meredith）的《利己主義者》（1879）令人心寒地審視了一樁婚姻，其中女人只是地位的象徵。他的《克勞斯威的黛安娜》（1885）用令人不安的小說形式表現了卡羅琳‧諾頓的災難性婚姻。喬治‧吉辛（George Gissing）的《落單女人》（1893）則飽含同情地敘述了一群未婚女人撫養一個孤兒的故事，她們希望這個孤兒長大之後能夠成為「一個勇敢的女人」。

# 第五章
# 19世紀後期：運動中的女性

　　直到19世紀後半葉，英格蘭才開始出現真正意義的婦女「運動」。這場運動主要由芭芭拉・莉・史密斯[1]和一群人稱「蘭厄姆廣場女士」——因她們早期的一個集會地點而得名——的志同道合者共同發起。該團體圍繞業已明確的問題——婦女迫切需要更好的教育、更多的工作機會以及提高已婚婦女的法律地位——發起了更多有組織的活動。

　　這些婦女之所以走到一起，部分是為了應對「女子氣質」日益狹隘的定義和對適宜「婦女領域」日趨傳統、越來越富於局限性的界定。在維多利亞時代，婦女的頭等美德似乎經常被神經兮兮地等同於溫婉順從。一個不得不自謀生計的中產階級婦女可能會十分幸運地獲得一個當家庭教師的低薪職位，雖然很可能她本身所受的教育就很有限。她沒有多少別的職業可以選擇。而且，如果一個女人發現自己身陷不幸婚姻，她仍然無路可逃。

---

1　　Barbara Leigh Smith 1827–1891：英國教育家、藝術家和婦女運動領袖。

可悲的是，就連那些本身取得了可觀成就的女性、那些懷著深切同情極有見地地描寫婦女生活及抗爭的女性，有時似乎也對正在興起的女權主義躲躲閃閃。瑪麗‧安‧埃文斯——喬治‧艾略特——儘管在《米德爾馬奇》(1871–1872)中顯示出對婦女的聰明才智找不到足夠的施展空間有着深刻體會，儘管自己已經成為芭芭拉‧莉‧史密斯的密友和支持者，但她仍然在1853年宣稱：「男人所給予女人的際遇，已經是女人的莫大福氣了。」而且她讚美這樣一種方式：一種「十足的溫柔、慈愛、潛在母性」使「女人的生命」充盈着「綿綿愛意」。1856年，著有《露絲》(1853)和《北與南》(1855)的小說家蓋斯凱爾夫人對婦女接受培訓成為醫生這種想法本身就嗤之以鼻：

> 如果能求得男人的判斷，我連一隻老鼠都不會交給女人去醫治。女人沒有判斷力。她們乖巧、敏感、天資聰穎，有着無數美好可愛的特質，但是在需要受過認真的長期醫學教育才能從事的事情上，她們頂多也不過是長着天使面孔的呆鵝。

1857年，伊麗莎白‧巴雷特‧布朗寧[2]在《奧羅拉‧利》中認為：

---

2　Elizabeth Barrett Browning 1806–1861：英國女詩人，《奧羅拉‧利》(*Aurora Leigh* 1857)為其無韻長詩。

女人……必須證明自己能做什麼
然後再去做，反復念叨婦女的權利、
婦女的使命、婦女的作用，直到
(也在自己一邊念叨的)男人們高喊
女人的作用就是……空談。

芭芭拉·莉·史密斯(她婚後衝破傳統的藩籬，只把夫姓「博迪雄」加在自己姓氏之後)出生於一個富有卻不同尋常的家庭：她的父母並未結婚。父親一直鼓勵她讀書，並且給了她一筆相當可觀的零用錢，使她能夠四處遊歷。她曾在歐洲大陸和貝茜·雷納·帕克斯[3]一起度過了一段時間。帕克斯後來寫了《論女孩教育》，她還堅持認為單身女性對所有女性命運的改善都將起到至關重要的作用。(帕克斯和莉·史密斯剛剛出版小冊子《婦女和工作》不久，當時一篇評論便嘲諷道：「要命的是，女人缺乏進行嚴密的連續思維的能力。」)

1857年，莉·史密斯病後在阿爾及利亞療養期間，認識了後來成為自己丈夫的歐仁·博迪雄(Eugene Bodichon)醫生。他們婚後在美國住了一年。期間，她在波士頓、紐約和新奧爾良結識了一些熱衷教育的女

---

3　Bessie Rayner Parkes 1829–1925：英國詩人、散文家和女權主義活動家，與莉·史密斯共同創辦了《英國婦女雜誌》(1858)，致力於為女性爭取教育改革和合法權利。

性以及其他一些受過從醫培訓的女性。在塞尼卡福爾斯，她和柳克麗霞·莫特多次促膝長談。柳克麗霞·莫特在廢奴運動和正在興起的女權運動中都是活躍分子。莉·史密斯打算繼續致力於當時顯得最為緊迫的領域：已婚婦女的法律問題、婦女對提高教育和培訓水平的迫切需要以及拓展婦女有限的工作機會的需要。

1854年，芭芭拉·莉·史密斯製作了一本小冊子，取名為《英格蘭最重要的婦女相關法律簡編》。她開門見山地審視了限制單身女性的矛盾規定：她們可以在行政堂區投票，但即使她們是納稅的財產所有人也不能在議會選舉中投票。她接着探討了已婚婦女更加不利的境遇：「在法律上，一個男人和他的妻子是一個人。妻子喪失了她單身時所擁有的一切權利，她的存在完全被她丈夫的存在吞噬了。」她討論了婚姻財產協議以及父母離異後孩子的監護權問題。她甚至還揭示了一個奇特而麻煩的法律規定：一對男女一旦正式訂婚，女方在未告知未婚夫並徵得其同意的情況下不得處置自己的財產。她的宣言售價幾個便士，讀者甚眾，前後有三個印次。次年12月，她和一群志趣相投的婦女——包括貝茜·帕克斯和安娜·詹姆森[4]——成立了已婚婦女財產委員會（英格蘭第一個有組織的女權主義團體），在全國範圍內散發呼籲進行法律

---

4　Anna Jameson 1794–1860：英國作家和女權主義者。

改革的請願書，並很快徵集到了大約2,400個簽名。委員會的干預使一系列修正案得以通過，緩解了已婚婦女的經濟困境，但是這些變化仍舊沒有從根本上重新明確她們的權利。

莉‧史密斯還寫了一篇文章，最初於1858年發表在新創刊的《英國婦女雜誌》上。當時有種觀點認為，由於中產階級婦女理所應當要結婚，所以她們不必再考慮別的事情了。莉‧史密斯在文中有力地駁斥了這種觀點。很多女性很可能終身不嫁，那就得自己養活自己。但是她認為，即使是那些結了婚的女性，也應該做好準備來教育自己的子女，而且必要的話，還要外出工作。此外，她還強調了工作本身的價值。

> 生養12個子女本身並不是什麼高貴的職業……做一個高貴的女人要勝過做一個高貴的男人的母親。

她甚至還搬出維多利亞女王來支持自己的論點。畢竟，女王既是一位母親也是一位有工作的君主。同時，莉‧史密斯要求對女性業已從事的實際工作——操持家務，養育子女——的價值給予更大的認可。在行動上，莉‧史密斯在倫敦開辦了一所私立學校，一直辦了近十年時間。在學校，男孩和女孩同班上課；她自己的侄女、朋友們的孩子與附近工人的孩子一起學習。

《英國婦女雜誌》起初主要由莉・史密斯提供贊助，它似乎贏得了相當廣泛的讀者，而且常常激發讀者採取行動。就連最初疑心重重的喬治・艾略特也在1859年末寫信給自己的朋友，一再表示這份雜誌「肯定做得相當好⋯⋯它激發婦女去從事有用的工作，喚起普通民眾給予女性需求一定的考慮」。但是莉・史密斯和貝茜・帕克斯很快就直接遭遇了女性就業問題。她們雜誌的讀者熱切渴望得到工作，於是便開始到她們的雜誌社登門拜訪。此時，她們的雜誌社已經從蘭厄姆廣場遷到了卡文迪什廣場。她們決定作一個就業登記——結果卻發現實際上婦女的就業機會寥寥無幾。許多男性對女性有可能進入他們的行業極其反感。他們說，女人會拉低所有人的工資，而且她們的出現很可能會迫使男人丟掉飯碗。

就業機會也引起了其他女性的關注。當年早些時候，哈麗雅特・馬蒂諾——她熟知蘭厄姆廣場小組的工作，很可能還受到了它的影響，不過她始終都沒有加入其中——在《愛丁堡評論》上發表了一篇名為〈女性行業〉的文章，對女性實際能夠獲得的為數不多的就業機會作了冷靜而實際的分析。她清楚地看到，女性的處境正在發生改變，越來越多的女性除了外出工作之外別無選擇。她認為，「自食其力」對男性和女性來說都是相當新的一種觀念。

我們生活在一個新的工商業經濟體中，但是我們的思想、我們的語言和我們的規劃並沒有任何相應的改變。我們談起話來彷彿還停留在過去：每個女人都是，抑或應該是，由父親、兄弟或者丈夫養着。

貧苦婦女可能在田裏或工廠裏勞作。除此之外，馬蒂諾能看到的只有兩種就業機會——針線活兒和教書，其報酬都很低。和芭芭拉·莉·史密斯一樣，她也強調必須拓展並改進女性教育，應該為她們施展自己的「能力和精力」闢出一片「公平的天地」。

她很讚賞伊麗莎白·布萊克韋爾[5]。布萊克韋爾在美國接受教育成為醫生，當時她正身在英格蘭。（芭芭拉·莉·史密斯和貝茜·帕克斯協助整理了布萊克韋爾在倫敦及其他郡首府所作的講話。）但是，布萊克韋爾和這些早期女權主義者中的許多人都不一樣，她堅信女性只應提出適度而理性的要求，故而對日漸高漲的選舉權呼聲沒有什麼熱情。

如上章所述，弗朗西絲·鮑爾·科布是《已婚婦女財產法》及女性教育運動的倡導者。她後來的確還為了婦女選舉權而奔走吶喊，認為女人不必依賴男人來保護自己及自己的權益。她在這方面的言論有時暴露出一絲階級傲慢：她憤怒地指出，「我們這些上層

---

5　Elizabeth Blackwell 1821–1910：美國第一位女醫生和第一位女醫學博士。

婦女——從憲法上講，我們擁有財產，所以有資格參加選舉（而且，請允許我再補充一句，從人之常情上講，我們在教育和智慧上至少都不低於『文盲』選民，因而也有資格參加選舉），卻依然沒有選舉權。」她始終極端保守，不過她並不贊同保守黨中的激進派，並因此於1867年退出了正在興起的選舉權運動。

同樣，埃米莉·戴維斯[6]幾乎無論從哪個方面來看都是一名堅定的保守分子，只是有一點例外：她認識到女性命運要得到改善，教育始終都是關鍵。年輕的戴維斯寫道：「什麼也沒學過的人找不到事情做並不奇怪。」她不得不去阿爾及爾照顧生病的弟弟時，非常幸運地遇到了芭芭拉·莉·史密斯。芭芭拉·莉·史密斯鼓勵她，寬慰她說許多其他婦女有着和她一樣的渴望和不滿。回到英格蘭後，戴維斯（和她的朋友伊麗莎白·加勒特[7]一起）造訪了蘭厄姆廣場。此時，蘭厄姆廣場已經成為《英國婦女雜誌》和婦女就業促進協會的總部。她深受鼓舞。回到北部的家鄉後，她組建了婦女就業促進協會諾森伯蘭和達勒姆分會，還寫了一系列信件給當地報紙，論述增加婦女就業機會的重要性。她為自己這樣的女孩所享有的智力培養之

---

6　Emily Davies 1830–1921：英國女權主義者，為爭取婦女高等教育權的先驅。

7　Elizabeth Garrett 1836–1917：英國醫生和女權主義運動先驅，為英國第一位獲得醫師資格的女性。

匱乏感到憤憤不平：「她們上學嗎？不上。她們有家庭女教師嗎？沒有。她們上一些課，能學多少學多少。」她帶着強烈的個人感情描述了

> 深深的灰心失望之情，這種灰心失望源於自己所受的告誡：作為女人，沒人對她們有多少期望……無論她們做什麼都千萬不要介入男人的職業，頂多是膚淺地間接介入，因為在這些職業中她們所能期望的永遠只能是失敗。

女人知道這種態度是多麼地「令人窒息和寒心；要勇敢地挺過去又有多麼地不易」。

然而，在蘭厄姆廣場小組中越來越多的人認識到「教育為第一要務」，這也鼓舞了戴維斯。在倫敦，當時新成立不久的女王學院和貝德福德學院給（一些）中產階級女孩開設了差強人意的課程。1862年，戴維斯籌備成立了一個委員會，推動女生參加創立於1858年的大學地區考試。經過大量緩慢而精心的組織工作和談判努力，劍橋終於在1865年同意，作為實驗，女生可以嘗試和男生參加同樣的考試。雖然戴維斯一直是個現實主義者，但她從未動搖過自己的信念：女孩必須獲得和男孩一模一樣的教育，在中小學校如此，在大學亦是如此。1866年，她的《女性高等教育》一書面世。她在書中謹小慎微，避免過於強烈地表達自

己的主張。戴維斯承認，女人很可能「永遠也無法做到和男人一樣好……但是在我看來，她們並不能因此而不竭盡全力，不自主選擇自己想要嘗試的事情」。她想方設法籌措資金（芭芭拉‧莉‧史密斯慷慨解囊）創建了一所女子高等教育學院，校址選在赫特福德郡的希欽市，最初只有五名學生。1873年，學院遷至劍橋，改名為格頓學院。1879年，牛津如法炮製，成立了瑪格麗特夫人學院[8]。但是，儘管埃米莉‧戴維斯的觀點如此激進 —— 她從一開始就堅持認為女生應該和男生參加同樣的考試，但她絕對不希望女生享有和男生同樣的自由。她期望自己的學生始終表現得嫻靜端莊，循規蹈矩。她認為，有背傳統和「非女性化」的行為可能會危及整個項目。

埃米莉‧戴維斯所作的開創性工作至關重要。不過，也許是在所難免，很長一段時間之後女性才在高等教育領域朝着真正意義的平等邁進。在倫敦，女王學院和貝德福德學院於1878年開始向女性頒發學位。但是牛津女生直到1919年才成為大學的正式學生。令人費解的是，雖然劍橋於1921年開始給女生頒發「名義」學位，但直到1948年才承認她們是學校的正式學生。

---

8　瑪格麗特夫人學院：牛津大學學院之一，1878年由伊麗莎白‧華茲華斯（Elizabeth Wordsworth 1840-1932，著名浪漫派詩人華茲華斯的曾侄女）建立，校名取自英格蘭國王亨利七世之母瑪格麗特‧博福特夫人（Lady Margaret Beaufort 1443-1509），後者以學識淵博著稱。

伊麗莎白·加勒特(婚後改稱加勒特·安德森)也得到了蘭厄姆廣場小組的支持。她衝破在今天看來極為強大的阻力，長期堅持不懈地想通過學習成為一名醫生。她常常成為粗鄙笑話捉弄的對象。一些男生聲明反對「在學習那些迄今仍被視為敏感科目時……男女有失體統地混在一起」。《柳葉刀》雜誌則索性把她一心學醫斥為「病態」。然而，什麼也無法動搖加勒特的決心。一則她相信女醫生「對許多患病婦女」來說會是一個福音；二則她對這項工作懷有濃厚興趣，她知道自己會成為一名好醫生。

伊麗莎白·布萊克韋爾的經歷鼓舞了加勒特。1849年，布萊克韋爾順利畢業於紐約州一所小學院的醫科專業，她在紐約為貧民窟中的婦女和兒童開了一家診所。但是在造訪倫敦期間，布萊克韋爾有時也遭到了激烈的批評。一位專欄作家評論道：「雙手沾滿血污的女人不可能擁有普通女人那樣的天性和感情。」伊麗莎白·加勒特不得不竭力說服自己的母親，讓她相信自己從醫的堅定決心既沒有錯，也非病態，而是「健康而活躍的精力使然」。幸運的是，她的父親比較支持她，而且加勒特本人也默默地執著追求。她在蘇格蘭學習了助產術，然後在巴黎獲得了醫學博士學位。就連向來反對女性從醫的《英國醫學雜誌》也承認，「每個人都必須欽佩加勒特小姐所表現出來的那種不屈不撓的毅力和勇氣」。1870年，她被

説服參選倫敦校務委員會[9]。此時，她顯然已經成為一位德高望重、廣受歡迎的公眾人物了，結果她所獲得的選票比其他任何候選人都多。

19世紀下半葉最重要、意義最為深遠的一場運動也最為出人意料：反對《傳染病法》的運動，該法極大地暴露出雙重性別標準的殘酷和虛偽。首部《傳染病法》於1864年獲得通過，規定在特定港口和設防城鎮，警察有權逮捕任何僅僅被懷疑是妓女的女性，強制——有時以野蠻手段——其接受內檢，一經發現有性病的任何跡象，可以強行把她關進醫院。《傳染病法》分別於1866年和1869年作了兩次增修。婦女們不久便開始了抗議。伊麗莎白・加勒特、弗洛倫絲・南丁格爾和哈麗雅特・馬蒂諾亦置身其中，她們認為「這套監管體制所製造的恐怖要大於它所旨在消除的恐怖」。

1869年，廢除《傳染病法》全國女士協會成立，這是由一些德高望重的女性組成的第一個真正且有力的壓力集團。起初，她們將矛頭指向粗暴對待妓女或疑似妓女的具體法律。但是她們很快超越這些細枝末節，開始大張旗鼓地渲染起雙重性別標準的種種劣行及其對整個社會男女兩性所產生的災難性影響。不

---

9　倫敦校務委員會：依據1870年通過的《初級教育法案》設立的政府機構，主管整個倫敦地區基礎教育的建設和管理，其成員由普選產生。

久，約瑟芬・巴特勒[10]成為該協會的領袖。她出身於自由黨家庭，受過良好教育，美麗、熱誠而德高望顯——這使她成為一位極為傑出的宣傳家，雖然她所宣傳支持的是為許多人所不齒的行當。痛失獨生女後，她和丈夫搬到了利物浦，此時她已經開始關注起妓女的命運。她說：「我為一種無法抑制的欲望所纏繞，想要找到某種比我自身所經受的更為深重的痛苦。」她把一些不幸的「墮落」女孩帶到自己家裏，籌錢建立了一個很小的「休憩之家」，照顧那些「瀕死的抹大拉[11]」。

巴特勒已經對婦女所面臨的問題表現出了強烈的興趣。1868年，她出版了一本名為《女性教育與就業》的小冊子。她在小冊子中除了重申當時已廣為人知的改善婦女教育這個主張之外，還認為——鑒於英格蘭未婚女性為數眾多——應該為她們提供適當的培訓，以使其能夠自食其力。1869年，巴特勒和一些志同道合的婦女組建了全國女士協會。她成為該協會極為傑出的標誌性人物和領袖。她的講話和文章有效地融合了冷靜清晰的論證和熾熱如火的情感。在1871年寫的一本小冊子中，巴特勒基於自己和妓女交往的經

---

10 Josephine Butler 1828-1906：英國社會改革家，為改善婦女教育和醫療條件作出過重要貢獻。

11 抹大拉：《聖經・新約》中一位被稱為「抹大拉的馬利亞」的妓女。這裏用來代指從良的妓女。

歷，認為《傳染病法》等同於中止《人身保護法》[12]。
《傳染病法》「簡直無異於引入某種隸農制或奴隸
制。我這麼說並不是感情用事，而是依據其最嚴格的
法律意義」。這個問題和她的抗議燃起了舉國上下婦
女的想像力和情感。全國女士協會的一位成員在1870
年致首相的一封信中強調道：

> 你們所驕傲地珍愛着的母親、妻子、姐妹或女兒，
> 沒有一個敢保證，倘使她出生在同樣沒有庇護、
> 沒有安全的境地，處於同樣貧窮和邪惡的魔爪之
> 下……她，同樣在她那青澀而天真無邪的少女時
> 代，能夠避免像那些人一樣滑入那個長久以來全社
> 會一直竭力確保無人能夠逃脫的可怕深淵。

約瑟芬·巴特勒及其迅速壯大的聲名顯赫的追隨
者隊伍，很快便成為一個極為有效的壓力集團。她們
的活動讓長期以來因受習俗束縛而幾乎不為人知的無
情的雙重性別標準觸目驚心地暴露在世人面前。而至
關重要的是，她們認為這種雙重標準不僅壓迫妓女，

---

12　《人身保護法》：拉丁語 *habeas corpus* 意為 [We command] that you have
　　the body，即他人不得無端羈押自己的身體。自13世紀起，英國法院
　　即發佈各種關於刑事訴訟的令狀，包括審查逮捕理由的令狀。17世紀
　　中葉斯圖亞特王朝復辟後，曾迫害新教徒和反王權派。代表工商業資
　　產階級和新貴族的輝格黨援引舊例，通過議會制定了本法，於1679年
　　頒佈，迫使英王查理二世簽署。

也壓迫大多數女性，這種壓迫以形形色色難以察覺的方式貫穿於她們日常家庭及工作生活的方方面面。後來，巴特勒在議會特別委員會作證時指出，《傳染病法》不僅對女性而且對男性也有着災難性的間接後果。她從查塔姆[13]歸來時稱，「我在那裏看到了剛入伍的年輕士兵墮落的證據……有些男孩看上去還不到13歲……那裏和地獄一樣陰森。」在她看來，真正的混蛋，真正的剝削者，是那些皮條客，是那些通過「建起一所房子把女人賣給男人」來牟利的人。

19世紀80年代，安妮‧貝贊特[14]勇敢地揭露了另一種或許更加迫切需要關注的剝削方式。她發現倫敦東區布賴恩特－梅火柴廠女工的工作環境極其惡劣，就給該廠眾多恰好也是神職人員的股東們寫了一封飽含深情、真摯有力的信：

> 請想像一下別人家女兒那蒼白憔悴的面孔……當她摘下破舊的帽子，露出因長年搬運箱子而磨光了頭髮的頭顱，頭髮磨光了，你們的分紅增加了，牧師大人……我要讓你們得到報應，聲名掃地……

她的控訴流傳甚廣，引起了公眾極大的關注。火

---

13　查塔姆：英格蘭肯特郡港口，曾擁有作為皇家海軍根據地的船塢。

14　Annie Besant 1847–1933：英國社會改革家和婦女運動活動家。

柴廠的女工們在倫敦舉行了聲勢浩大的抗議遊行，最終獲准成立她們自己的工會。

至此，女性所面臨的所有這些問題都在不斷取得進展。但是女性——以及一些像湯普森和穆勒這樣的男性鬥士——整個世紀都在為爭取婦女選舉權而奔走呼號。在19世紀最後幾十年裏，這個要求會變得更為迫切，婦女選舉權運動者——以及後來的激進派婦女選舉權女鬥士——將登上歷史舞臺，成為主角。

# 第六章
# 為投票權而戰：婦女選舉權運動者

　　19世紀，選舉權逐漸成為女權主義者訴求的中心內容。無論從象徵意義上 (作為對婦女完整公民權的認叮) 還是從實踐意義上 (作為深化改革和實實在在改變婦女生活的必要方式) 來說，它都意義重大。但事實證明，獲得選舉權是一場錯綜複雜的鬥爭，歷時數十年。女性在為選舉權吶喊時所展現的決心和執着，越來越多地表現出來，令人振奮。在她們的訴求遭到同樣堅決的拒絕，有時還含有相當的惡意時，尤為如此。而且，拒絕她們的除了男性之外，往往還有女性。

　　早期有過一些爭取婦女選舉權的訴求：威廉‧湯普森受安娜‧惠勒的影響，早在1825年就為婦女代表權問題發出過雄辯的吶喊。1843年，瑪麗恩‧里德撰文駁斥了當時有關女性適宜「領域」的陳詞濫調以及女人對男人所謂的影響使自身有求必應這種論調。她接着強調，不僅選舉權很重要，而且在議會哪怕僅僅擁有象徵性存在也同樣意義重大。或許「議員的選民構成中有幾個婦女」能促使議會「給予婦女權益一點

點關注」。1847年，年邁的貴格會教徒安妮・奈特[1] 發表了一本小冊子，為婦女代表權發出吶喊。1851年，已經成為約翰・斯圖爾特・穆勒妻子的哈麗雅特・泰勒在《威斯敏斯特評論》上發文呼籲「給予婦女選舉權」。1869年，穆勒本人在《論女性的從屬地位》一書中雄辯而比較詳細地作出了同樣的申辯。他承認，婦女不太可能和同一階級的男人有什麼意見分歧，但是「如果問題以某種方式牽涉到了婦女權益」，那麼她們就「需要選舉權，以確保自己的權益得到公正平等的考慮」。

當然，這一時期男人還沒有全部獲得選舉權。即使是到了19世紀70年代，也只有三分之一左右的成年男子有權參加投票。雖然《1884年改革法》提高了這一比例，但依然只有大約63–68%的男人獲得了投票權。然而，具有諷刺意味的是，《1832年改革法》出臺後，婦女的法律地位反而下降了。該法用 male person（男人）來取代含義更廣的泛指詞 man（人；男人；人類），明確將女性排除在外，因為有人可能會認為 man 這個詞可以理解為「人」。同年，一名人稱「雄辯家」亨特[2] 的激進分子受人之托向議會遞交了一

---

1　Anne Knight 1786–1862：英國社會改革家和女權主義運動先驅。
2　「雄辯家」亨特（"Orator" Hunt 1773–1835）：本名亨利・亨特（Henry Hunt），英國政治家，宣傳激進思想，主張議會改革，因好在集會上發表演講而被政敵戲稱為「雄辯家」。

份請願書(起草人為約克郡一位富有的老姑娘，名叫瑪麗‧史密斯Mary Smith)，認為「每個擁有必要經濟能力的未婚女性」均應獲准參加投票。亨特指出，該請願者像所有男人一樣照章納稅；而且，既然女性在法律上可以受到制裁，那麼她們也應該有權對制定法律發表意見，也應有權參加陪審團。

但是，爭取投票權的鬥爭才剛剛開始，而且始終都不是一帆風順的。有些人主張所有成年人都應擁有選舉權，有些人則只為婦女奔走吶喊，於是分歧出現了。在後者中間，對哪些婦女應該擁有選舉權也存在不同意見。許多早期對婦女選舉權的要求都集中在老姑娘身上，例如弗朗西絲‧鮑爾‧科布就曾替女性財產擁有人和納稅人呼籲過此事。這些要求之所以比較有限，部分是出於策略考慮(如果一些婦女獲得選舉權，便至少是創下了先例，以後就比較容易擴大範圍了)，但往往也是基於這樣一種輕蔑的看法：妻子的權益和她丈夫的完全一致，給她選舉權就等於給作為一家之主的男人第二張選票。一些婦女認為，已婚婦女財產法的通過會比選舉權更能立竿見影地帶給她們好處。另一方面，漢弗萊‧沃德夫人(Mrs Humphrey Ward)表達了她的憂慮：如果允許老姑娘投票，也就意味着「大量過着不道德生活的女人將獲得選舉權，而通常要比未婚婦女有着更為豐富的實際生活經驗的已婚婦女卻被排除在外」。一位議員諷刺道，給予老

姑娘選舉權,無異於褒獎「異性中一部分由於某種原因而未盡婦道的人」。其他反對女性擁有選舉權的人認為,只有男人才會被徵召去保家衛國,這賦予了「他在處理國家事務中發表意見的權利」。

從這場辯論中,我們可以瞥見某些人對女性奇怪而發人深省的態度。譬如,1871年政治哲學家托馬斯·卡萊爾(Thomas Carlyle)說道:

> 一個女人的真正宿命……就是嫁給一個她能夠愛並尊重的男人,然後在他的保護下以自己所有的智慧、優雅和英雄品質平靜地過此後的生活。

同樣,許多女性也接受了女人和男人生而不同的觀點,認為這是神的旨意。神要她們為人妻、為人母。如果她們離開自己的適宜領域,就會導致種族「羸弱、衰落、呈現病態」。

鬥爭進展非常緩慢,這或許無法避免。事實上,非常多的知名女性都不屑地認為選舉權相對來說並不重要,有時候還有些人虛偽地堅稱,從個人來說,她們從未因為沒有選舉權而遭遇過什麼不便。1867年,弗洛倫絲·南丁格爾宣稱:「我在政府機構裏工作的這些年裏,從來沒有覺得需要投票權。」雖然後來她承認選舉權的確重要,但她始終覺得還有其他更加緊迫的問題困擾着女性。身為一名成功的作家和記者,

哈麗雅特・馬蒂諾堅持認為「這項事業最好的朋友是幸福的主婦和忙碌快活的單身婦女……無論一個女人自己實際上能做什麼，看到她這麼去做了，社會都會很欣慰」。

比阿特麗克斯・波特[3] 將她本人的「反女權主義」態度歸結於「這樣一個事實，即我從來沒有遇到過可能因為我這個性別而導致的不便」。自由黨人維奧莉特・馬卡姆[4] 提出一個悖論作為托詞：許多女人顯然「比男人高貴，所以我不願看到她們要與男人平起平坐」。1889年，暢銷小說家兼記者漢弗萊・沃德夫人宣稱「婦女解放進程現在已經達到女性生理構造所決定的極限了」。有時婦女選舉權運動者會抬出維多利亞女王，以證明女性能夠達到什麼樣的高度。例如，芭芭拉・莉・史密斯指出：「我們仁慈的女王既能履行神授的艱巨職責，也能成功地撫育眾多的子女。」但是這位維多利亞女王卻出於恐懼，極不光彩地高聲聲討「瘋狂而邪惡的女權蠢行」。

以芭芭拉・莉・史密斯為核心的蘭厄姆廣場小組在爭取選舉權的長期鬥爭中發揮了重要作用，在其他許多運動中亦是如此。1866年初，她們組織了一場婦女選舉權請願活動，共有1,499人在請願書上簽字，主張應該用 person 來替代 man，而且所有房主，不論

---

3　Beatrix Potter 1866–1943：英國作家、插圖畫家和植物學家。
4　Violet Markham 1872–1959：英國作家和社會改革家。

性別，均應享有選舉權。在推動婦女教育方面卓有成效的埃米莉・戴維斯，正式將這份請願書遞交給了約翰・斯圖爾特・穆勒，適逢穆勒的《論女性的從屬地位》一書剛剛出版。1866年6月，穆勒將這份請願書呈遞給了議會。不出他們所料，這份請願書以194票對73票遭到否決。但即使如此，這也被欣喜地視為一個鼓舞人心的開端。此事招致大量批評，或許反而證明了其成效。例如，《旁觀者》雜誌揶揄稱，全國具備政治能力的婦女不超過20人，一般婦女只會使政治討論變得「離題萬里、華而不實」。

1866年10月，莉・史密斯和一群朋友在倫敦伊麗莎白・加勒特的家中成立了一個婦女選舉權運動委員會。次年，該委員會發展成為倫敦婦女選舉權協會。她們組織了多場請願活動，獲得的簽名總數超過了3,000個。莉・史密斯還製作了一本小冊子，列數「賦予婦女選舉權的理由」。數家知名報紙，包括《康希爾》和《雙周評論》，都拒絕刊載支持給予婦女選舉權的文章。幾乎與此同時，一位名叫莉迪婭・貝克爾(Lydia Becker)的婦女在曼徹斯特成立了一個類似的協會。她在聽了莉・史密斯的一篇演講之後，便被吸引到這項事業中來。她成立了一個地方性的婦女選舉權委員會，並於1870年創辦了《婦女選舉權報》。不久，愛丁堡、布里斯托爾和伯明翰也相繼成立了支持婦女選舉權運動的團體。在此後的幾十年間，這些團

體保持這項事業生機勃勃，持續不斷地向議會施加壓力，發揮了重要作用。它們組織了公開集會，尤其是在倫敦和曼徹斯特。參與曼徹斯特協會工作的理查德·潘克赫斯特[5]，於1866年創辦了《英國婦女評論》，這對宣傳婦女選舉權事業頗有裨益。

婦女選舉權運動者有時候也會深受意見分歧之害，尤其是在採取何種策略方面，不過這也許在所難免。芭芭拉·莉·史密斯不久便退出了倫敦委員會的一切正式活動——她與約翰·斯圖爾特·穆勒和哈麗雅特·泰勒意見不和，後二者堅持認為男性加入委員會有好處——雖然她後來擔任了該委員會的名譽書記。穆勒雖然在早期給予了大力支持，但面對後來的發展和更加激進的策略，他感到惴惴不安，便退縮了。他尤其不贊成曼徹斯特一些女性的「共同的粗俗動機和策略」。而這場爭取選舉權的運動比早期支持者們所預計的要更加艱難，耗費的時日也要久得多。整個19世紀70年代，議會年復一年地辯論（並否決）這個議題。1871年，一位托利黨人[6]說女人天性敏感，容易情緒化，所以應該受到保護，以免「被迫捲入政黨政治的漩渦」。女人適宜的天地是家庭，其職責——及內心最大的愉悅——是做一個賢妻、好姐姐或好妹

---

5　Richard Pankhurst 1834–1898：英國律師和社會活動家。
6　托利黨：英國政黨，產生於17世紀，後於19世紀中葉演變為英國保守黨。

妹、乖女兒。再者，一旦女人在議會成了氣候，將會導致「與居心叵測的鄰邦草率結盟，階級鼓噪越發高漲，肆意立法，內部混亂，動輒鳴冤叫屈」。婦女選舉權支持率最高的一次投票是在1873年，當時有157位男性議員投了贊成票。

數十年間，婦女選舉權運動者僅僅取得了一些微小而平凡的勝利，但是考慮到當時社會對女性角色的看法，這也就不足為奇了。不過，從長遠來看，這些成果為後來贏得民意支持發揮了非常重要的作用。然

### 海外婦女選舉權運動

與此同時，英國婦女選舉權運動者(及其反對者)密切關注着海外的新情況。一位婦女曾說：「對於英國婦女選舉權運動來說，沒有什麼比看到那些現身說法的婦女更有好處的了。」事實上，南半球的例子似乎尤其鼓舞人心。在新西蘭，婦女於1893年獲得選舉權。在澳大利亞，19世紀90年代一個接一個的州賦予婦女選舉權，至1902年婦女終於獲得了參加聯邦選舉投票的權利。一位保守的(男性)教授於1904年陰鬱地聲稱：「我認為澳大利亞完蛋了。」(另一方面，澳大利亞土著，無論男女，直到20世紀60年代後期才獲得選舉權。)在美國，各州先後賦予白人婦女選舉權。至1914年，有11個州的婦女可以投票，不過她們不得不等到1919年才能參加全國選舉。丹麥於1915年賦予婦女選舉權，而荷蘭則是1919年。

而，面對排斥和嘲笑，她們堅定執著。與此同時，很多女性開始在地方政府及其他公共機構中扮演起越來越積極的角色，從中積累了經驗，增強了信心。她們在地方教育委員會和《濟貧法》[7] 委員會任職。她們還學習發表公開演講。正如婦女選舉權運動者安伯利夫人[8] 有一次所說的那樣，「人們看到一個女人可以演講而同時依然表現得像一位貴婦人後，都對我表示驚訝。」此外，具有各種不同政治信仰的婦女都開始投身到這場運動中來，像弗朗西絲·鮑爾·科布和埃米莉·戴維斯這樣的保守黨人對這項事業的赤誠絲毫不亞於自由黨和激進派婦女。

19世紀90年代，隨着越來越多的男人獲得了選舉權，婦女越發感到待遇懸殊，社會不公。她們指出，連那些幾乎目不識丁的貧窮男人都獲得了投票權，而受過良好教育、繳納着地方稅和國家稅的婦女卻仍然無緣獲得完整的公民權。有觀點認為，1897年見證了一場真正的突破：一項有利於婦女的法案在下議院獲得了71票的多數，而且這種情況在隨後幾年中反復出現。雖然這些法案沒有一項轉化為實際的改革，但婦女選舉權運動者還是深受鼓舞。

---

7　《濟貧法》：英國對貧困者進行救濟的法令。16世紀開始實施，經過數次改革，一直持續到1948年。

8　Lady Amberley 1842–1874：即凱特·安伯利（Kate Amberley），英國女權主義者，出身貴族，為羅素（Bertrand Russell 1872–1970）之母。

# 第七章
# 為投票權而戰：婦女選舉權女鬥士

　　Suffragette (婦女選舉權女鬥士) 這個詞是1906年《每日郵報》創造的，最初是一個污蔑性的稱謂，後來被不斷壯大的激進運動納為己用，並被賦予了新的含義。慢慢地，至少有一些婦女選舉權運動者意識到通過和平手段取得的成果微乎其微。但是早在1868年，莉迪婭・貝克爾就曾不無誇張卻又帶有一定遠見地說過，「它需要流血或暴力行動」來「喚醒政府去實現公平正義」。

　　19世紀70年代初期，少數婦女把「沒有代表權就不納稅」的觀點直接付諸行動，拒絕納稅。然而直到1903年潘克赫斯特家族創建婦女社會政治聯盟 (WSPU) 時，鮮有什麼真正的改變。她們已經在自己的根據地曼徹斯特積極行動起來，抗議當局禁止獨立工黨集會的做法。潘克赫斯特博士於1870年起草了第一部《取消婦女限制法案》，後來由雅各布・布賴特[1]提交給議會。(該法案二讀通過，但是被威廉・格萊斯

---

1　Jacob Bright 1821–1899：英國激進的自由黨人和女權主義者。

頓[2]宣佈無效。)埃米琳·潘克赫斯特夫人[3]曾經擔任《濟貧法》監督官，她作過這樣的評價：「我雖然參加過婦女選舉權運動，但是我現在才開始認識到，婦女手握選票不僅僅是一項權利，還是一種極其迫切的需要。」她的女兒克麗絲特布爾(Christabel Pankhurst)很可能受到了多重影響，這種影響不僅僅來自她的父母，還因為她聆聽過美國婦女選舉權運動者蘇珊·B.安東尼(Susan B. Anthony)的講話，撰寫過她的傳略——安東尼曾於1902年造訪曼徹斯特。克麗絲特布爾寫道：「想到又一代女性在為爭取選舉權而浪費生命，簡直令人難以忍受。我們再也不能浪費時間了。我們必須行動起來。」

從本質上說，婦女社會政治聯盟依然是一個家族式組織，雖然1906年弗雷德·佩西克·勞倫斯和埃米琳·佩西克·勞倫斯[4]同意資助這項事業，並將其總部設在倫敦克萊門特這個小客棧裏。(誠然，婦女社會政治聯盟是最著名、同時或許也是最富成效的爭取婦女選舉權團體，但是還有許多其他組織——婦女自由聯盟、全國婦女選舉權社團聯盟、女演員選舉權聯盟

---

2　William Gladstone 1809–1898：英國政治家，曾以自由黨人身份擔任四屆英國首相。

3　Mrs Emmeline Pankhurst 1858–1928：英國婦女選舉權運動奠基人之一。

4　Fred Pethick Lawrence 1871–1961和Emmeline Pethick Lawrence 1867–1954：英國貴族夫婦，英國女權運動領袖。

圖5　埃塞爾‧史密斯（Ethel Smyth）1911年為婦女社會政治聯盟所創歌
　　　片兒《婦女進行曲》的封面，宣告為了選舉權「婦女們奮勇前進」。
　　　她使用了婦女選舉權女鬥士們的代表色──綠色、紫色和白色，但
　　　這既是一場示威，也是一場慶典，充滿了對美好未來的憧憬。

等 ── 這些組織雖然沒有那麼引人注目，卻都取得了進展。）從一開始，克麗絲特布爾・潘克赫斯特就主導了婦女社會政治聯盟，並很快在自己身邊聚集起一批忠心耿耿的追隨者，其中包括：當過磨坊女工的安妮・肯尼（Annie Kenney），她很快成為她們中最富成效的演講者；工人階級出身的已婚婦女蘇格蘭人弗洛拉・德拉蒙德（Flora Drummond）；以及信仰社會主義的教師特雷莎・比林頓（Teresa Billington）。

成立不到一年，婦女社會政治聯盟就發展到約58個支部。同時，其內部也第一次出現了分裂和對克麗絲特布爾的不滿，這種分裂和不滿到後來數不勝數。她毫無疑問極具領袖魅力，令眾多追隨者唯其馬首是瞻，不過這種忠誠有時並不健康。然而，她也時常表現得專橫跋扈，冷酷無情。她的母親埃米琳也是如此，只是程度或許稍輕些。特雷莎・比林頓後來曾表示克麗絲特布爾利用了自己的追隨者，「她利用了她們的長處和短處，強迫她們參加毫無準備的行動，不肯寬恕軟弱表現，吹噓拔高新手，說其成熟老練，絲毫聽不進成熟的意見。」

1935年，一位婦女回首往事時，形容埃米琳・潘克赫斯特是「希特勒和墨索里尼的前輩 ── 一個權威不容置疑的領袖，一個不會犯錯的領袖」。由於憤怒，她的話有些言過其實，但很可能也有一定的真實性。這個評價用來形容克麗絲特布爾很可能還要更準

確一些。特雷莎・比林頓稱，克麗絲特布爾是「一個精明強幹的政治家，一個手腕高明的政客，一個自我奉獻的世界改造者，一個鐵石心腸的獨裁者」。於是，婦女社會政治聯盟最忠誠、最能幹的兩位組織者弗雷德・佩西克・勞倫斯和埃米琳・佩西克・勞倫斯在1914年被排擠出局，連西爾維婭・潘克赫斯特[5]也在1913年被掃地出門。西爾維婭也許是這個家族裏最有趣、肯定也是最富有同情心的一位：她是一位才華出眾的藝術家，也是一名社會主義者，她成立了自己的組織東倫敦聯盟(ELF)，旨在幫助已經組建家庭的工人階級婦女。她曾與工黨政治家基爾・哈迪[6]有過一段戀情，哈迪甘願冒斷送個人政治生涯的風險來支持婦女選舉權事業。

　　向激進行動的轉變經歷了一個漸進的過程。最初，婦女選舉權女鬥士們在公開集會上詰難政治家。進而，她們組織了自己的大規模集會和遊行。從一開始，她們便在場面效果上展現了驚人的宣傳天賦。很快，她們熟練地掌握了如何使自己的觀點顯得直觀醒目。她們在海德公園艾伯特音樂廳外的街道上舉行聲勢浩大的遊行示威：在愛德華統治時期的倫敦出現這些婦女公開集會，本身就已經非常令人驚訝了。

---

5　Sylvia Pankhurst 1882–1960：英國左翼婦女選舉權運動者，埃米琳・潘克赫斯特之女。

6　Keir Hardie 1856–1915：蘇格蘭社會主義者、工人領袖和英國工黨創始人。

婦女選舉權女鬥士們選擇的顏色非常醒目：婦女們身穿配以綠色和紫色飾帶的白色長裙，舉着色彩鮮豔的條幅，上面繡着或鑲着標語口號。藝術家婦女選舉權聯合會創作的招貼畫和明信片收效顯著，其中最著名的一幅分上下兩層：上層標注着「女人可以做到的，卻還沒有選舉權」，繪有護士、母親、醫生和工廠工人的形象；下層標注的是「男人可能做過的，卻並未喪失選舉權」，繪有罪犯、瘋子、白人奴隸主、酒鬼以及被形容成「不宜服役」的殘疾人的形象（這倒有失公允）。她們的一些宣傳過於追求轟動效應，以致未能真正發揮作用：譬如，一張反對「貓鼠法案」（源自把監獄裏的絕食抗議者先釋放再重新逮捕的做法）的招貼畫上畫了一隻兇惡的薑黃色大貓，牙齒咬着一個女人柔弱的身體，這個女人一襲婦女社會政治聯盟的標誌性裝束。而且，至少有些婦女選舉權女鬥士似乎已經敏銳地意識到了當時還比較新穎的攝影這種形式所蘊含的政治機遇，並且充分地加以利用。事實上，或許正是她們留下來的那些影像資料，才使婦女選舉權女鬥士們看起來依然令人興趣十足。那些記錄了遊行示威的黑白老照片使那個時代立刻生動起來 —— 這也包括那些反映人們眼中警察進行迫害的影像。在一張著名的照片上，看上去精心打扮、裝束正式、矮小柔弱的潘克赫斯特夫人，正在被兩個憤怒的粗暴男人挾持着帶走。

圖6　由潘克赫斯特家族領導的婦女選舉權女鬥士遊行，1911年。

漸漸地，婦女選舉權女鬥士們才開始訴諸直接行動。她們開始時採取的是看似溫和的對抗行動：猛撞政治家的門，或者聚集在唐寧街抗議。隨着挫敗感的加劇，她們開始採取零星的暴力和縱火行動：焚燒郵箱，砸碎商店櫥窗。埃米琳．潘克赫斯特曾經這樣說道：「破碎的玻璃窗是現代政治中最有價值的論爭。」（有趣的是，倫敦西區一些被砸了櫥窗的商店依然在婦女選舉權女鬥士們的刊物上做廣告；一些商店出售婦女社會政治聯盟標誌色的衣服，甚至有一家還出售白、紫、綠三色的內衣。）

西爾維婭．潘克赫斯特說過「三座蘇格蘭城堡一夜之間毀於大火」，她對此舉明顯表示認可。1914年初，卡內基圖書館、兩座古老的教堂以及許多龐大的空宅被付之一炬。瑪麗．理查森[7]劃壞了國立美術館收藏的委拉斯開茲[8]的油畫《梳妝中的維納斯》，宣稱「我要毀掉神話史上最美麗的女人的畫像，因為政府正在毀掉潘克赫斯特夫人——她是現代史上最美麗的人物」。一些激進分子則更為過火：她們火燒了一位敵視婦女選舉權事業的大臣的官邸；兩名婦女竟然企圖燒掉都柏林一個坐滿觀眾的劇院。一位名叫埃米

---

7　Mary Richardson 1889–1961：加拿大婦女選舉權運動積極分子，在英國女權運動中表現活躍。

8　Diego Velázquez 1599–1660：西班牙繪畫大師。《梳妝中的維納斯》作於1647–1651年間，為其存世的唯一裸體油畫，也是17世紀西班牙兩幅裸體油畫之一。

莉‧懷爾丁‧戴維森[9]的婦女為爭取選舉權而獻身，之前她曾宣稱這項事業「需要一個悲劇」。在1913年德比馬賽[10]上，她在比賽中衝入賽道——無疑是冒死，甚至是尋死——絆倒了國王的賽馬。幾天後她傷重不治而死。然而，雖然最初激進分子乃至像戴維森這樣的狂熱分子曾經激起過大眾的真正同情，但她們的舉動同時也疏遠了許多支持者。

並非每個人都贊同這種不斷升級的鬥爭新策略，即使是在這場運動內部也不例外，因為這意味着坐牢的女性會越來越多。曾經和埃米琳‧潘克赫斯特密切合作過的特雷莎‧比林頓就公開譴責使用暴力，認為暴力手段將「迫使大量女性作出自我犧牲，有時甚至是自殺，而且無一例外地會受到可怕的傷害，很有可能還會遭到虐待」。她因此認為，激進行動「由革命墮落成了政治把戲」。她公開譴責擺「烈士姿態」，反對婦女選舉權女鬥士們擺出一副自己「不是反叛者，而是無辜的受害者」的樣子。伊麗莎白‧加勒特‧安德森辭去了婦女社會政治聯盟的職務，連阿德拉‧潘克赫斯特[11]也反對極端的激進行動。因此，這場運動內部的分裂加大了。

---

9　Emily Wilding Davison 1872-1913：英國激進女權主義者。

10　德比馬賽：1780年以來每年6月的第一個星期三在薩里郡埃普瑟姆唐斯舉行的傳統賽馬活動。

11　Adela Pankhurst 1885-1961：英國女權主義者、和平主義者，加入過共產黨。

圖7　1914年5月，埃米琳·潘克赫斯特試圖向國王遞交請願書，結果在白金漢宮外被捕。圖片左側的男子怒氣沖沖，兇相畢露；身穿制服的警察也許只是在例行公事。

圖8　在1913年德比馬賽上，埃米莉‧戴維森撲到國王的賽馬下，為婦女選舉權事業而獻身。

早在1908年，那些因為採取某種直接或暴力行動而入獄的婦女選舉權女鬥士們就開始通過絕食來反抗當局。最初的幾位婦女成功獲釋。但是隨着越來越多的婦女加入絕食抗議，當局開始強制她們進食。許多婦女自視為烈士，其他很多人也這麼看待她們。埃米琳·潘克赫斯特數次入獄，佩西克·勞倫斯夫婦也是如此。康斯坦絲·利頓小姐[12] 1909年第一次被捕入獄，但當局弄清她的社會地位後對她格外開恩。獲釋後，她採用化名進行活動，結果再次獲刑，被強制餵食八次，使她的健康受到了永久性的損害。《罪犯保釋法案》（俗稱「貓鼠法案」）通過後，引起了巨大爭議：婦女暫時獲釋出獄，恢復健康後再次被捕。她們激起了廣泛而真誠的同情。但是隨着時間的流逝，對她們這場運動的批評之聲開始高漲，有些批評者甚至是曾經的支持者。譬如，特雷莎·比林頓就堅信：「我認為感情用事、個人獨斷和狂熱盲從並非婦女解放的光明大道。」到這個階段，克麗絲特布爾·潘克赫斯特已經退出這場鬥爭多時了。她旅居巴黎，過着安逸乃至奢華的生活，逃避了國內婦女選舉權女鬥士們所面臨的不斷加劇的紛擾。她於1910年宣稱：「女士們！休戰聽起來很好，但是激進行動不可替代。我們在這場鬥爭中感到無比自豪，因為我們感到鬥爭使

---

12　Lady Constance Lytton 1869–1923：英國貴族婦女，婦女選舉權運動者。

圖9 戲劇化反映婦女選舉權女鬥士在獄中被強制進食的招貼畫，1910年。（畫面上方文字：現代宗教裁判所：自由黨政府統治下政治犯的遭遇；畫面下方文字：選民們！投首相的反對票，制止這樣的折磨。）

我們變得有多麼強大。」忠心耿耿的安妮·肯尼每個週末都去拜訪她，然後帶回這位流亡領袖的指示。其他較為明眼的婦女則批評她臨陣脫逃，可謂理所當然。

由於第一次世界大戰，情形發生了徹底的改變。1914年8月，埃米琳·潘克赫斯特明智地宣佈暫停婦女選舉權運動。克麗絲特布爾 —— 法國的旅居生活看來損害了她清晰思考的能力 —— 極為誇張地評價道：「男人所創造的文明，在和平時期醜陋至極且殘酷無情，現在將要被毀滅了。」這場戰爭，她繼續說道，是「神對那些將女性置於屈從地位的人的報復」。西爾維婭想得總是要深刻得多，她在《婦女選舉權女鬥士運動》中說：

> 男人和女人已經被戰爭的苦難和犧牲拉得更近了。在巨大的災難面前，在由於戰爭而赤裸裸地暴露出來的巨大的經濟問題面前，參加婦女選舉權運動的女性變得敬畏和謙卑了，知道社會變革是一項長期而艱巨的工作。

1918年，30歲以上的婦女獲得了選舉權。1928年3月，在保守黨政府執政期間，她們終於在選舉權上和男人實現了平等。

# 第八章
# 20世紀早期的女權主義

　　20世紀早期，英國婦女獲得了法律平等和公民平等，雖然在實踐中並不盡如人意，但至少在理論上是平等了。1918年起，30歲以上的婦女獲准參加投票。隨之她們內部便產生了爭論——是該將工作重心放在大力爭取和男性同等條件的投票權呢，還是該集中精力解決女性的其他需要和問題。一些女性和一些男性都感到，成立女性政黨應該能夠幫助她們擴大既有成果，但是她們讓這個機會溜走了。

　　第一次世界大戰的影響過於紛繁複雜，難以簡單概括。它給一些婦女提供了外出工作的機會。在戰爭年代，外出工作的婦女人數增加了100多萬。她們中的一些人在兵工廠和機械廠工作，另一些人在醫院工作。很多婦女要求提高薪酬，有時也堅持要求和男人拿同樣的薪水。她們組建了一支婦女志願預備隊以及一些女警巡邏隊。戰時，無論她們是在家裏操持家務，還是在外辛勤工作，幾乎可以肯定其貢獻對她們於1918年獲得部分選舉權起到了促進作用。但是，戰爭使許多女性或成了寡婦，或一直獨身，戰時報刊還

曾詆毀過「招搖的隨意女郎」[1]。西爾維婭‧潘克赫斯特挖苦道：「杞人憂天的道德販子們編造出洪水猛獸般的女孩和婦女形象……（她們）放蕩不羈，給國家平添大堆大堆的私生子。」一家女權主義報紙評述說，軍方並未意識到「他們在保護軍隊不受婦女干擾的同時，沒能保護婦女不受軍隊的騷擾」。

早在1918年，下議院議員們就贊同婦女可以名正言順地在議會擁有一席之地，不過婦女真正當選議員卻經歷了非常漫長的過程。1918年，克麗絲特布爾‧潘克赫斯特參選斯梅西克[2]議員，但是以700票之差落選。1919年和1920年，兩位女性──保守黨人阿斯特夫人（Lady Astor）和自由黨人瑪格麗特‧溫特林厄姆（Margaret Wintringham）──先後接替了自己丈夫在議會的席位。

阿斯特夫人從未熱心參與過爭取婦女選舉權的長期鬥爭，而溫特林厄姆則是全國平等民權社團聯盟[3]（NUSEC）的成員，同時也是婦女研究所[4]的一員。溫特林厄姆後來還公開宣稱，料理家務是一個「十分榮幸、需要技術、事關國家命運的職業」。

---

1　隨意女郎：指20世紀20年代的新潮年輕女性，時人認為其有傷風化。
2　斯梅西克：英國英格蘭西米德蘭茲郡工業城鎮。
3　全國平等民權社團聯盟：成立於1918年，前身為全國婦女選舉權社團聯盟（NUWSS），支持婦女選舉權運動。
4　婦女研究所：成立於1915年，最初旨在活躍農村社區，第一次世界大戰中鼓勵婦女投入糧食生產，現為英國最大的婦女組織。

工黨黨員埃倫·威爾金森（Ellen Wilkinson），一位擁有工會背景的未婚女性，於1924年當選議員，她直言不諱地談論各種各樣的問題，令人欽佩。她十分關注婦女在家庭中的地位，認為婦女應當獲得持家津貼；她支持工會的權利；國際和平與自由聯盟[5]調查英軍士兵在愛爾蘭的暴行時，她是調查團成員之一。她寫道：「男人們半夜闖進家裏，把女人們趕下床，女人們身上只裹着一件外套。她們半夜被趕出家門，家園被付之一炬。」

1929年，阿斯特夫人提議女議員們組建一個婦女政黨，但是由於工黨婦女黨員不太支持這個想法，這個提議終告流產。（一些現代歷史學家認為這是一個極好的機會，可惜被白白錯過了。）一直到了1940年聯合政府成立時，只有12位女議員。熱衷政治的婦女似乎更加青睞地方政府。自19世紀70年代以來，婦女積極參與地方教育委員會及其他地方機構的事務，一戰後有更多的婦女加入進來。

全國平等民權社團聯盟有着更遠大的目標，即「實現其他所有必須的改革：經濟改革、法律改革和社會改革，以確保男女之間在自由、地位和機會方面的真正平等」。例如，其成員曾奔走呼號，希望能向婦女開放各種專門職業，主張她們應享有和男性同工

---

5　國際和平與自由聯盟：成立於1915年，全稱「國際婦女和平與自由聯盟」，宗旨是反對戰爭。

同酬的權利。1919年，《(消除)性別歧視法》至少在理論上向婦女從事各種專門職業和擔任公務員敞開了大門。據弗吉尼婭‧吳爾夫稱，該法比選舉權對婦女的作用更大，但是現代歷史學家對此表示懷疑，至少對其短期效用表示懷疑。1923年，《婚姻訴訟法》為男女離婚奠定了平等的基礎。

但是，全國平等民權社團聯盟所關注的不僅僅是平等，還有差異，其成員努力解決女性的特殊問題和需求。埃莉諾‧拉思伯恩[6]出任該聯盟主席後提出，婦女不應該要求和男人平等，而應該要求「實現自己天性中的各種潛能、適應各自生活環境所需之物」。她們的要求包括改革離婚、兒童監護以及賣淫等方面的法律。1921年，六點團[7]成立，其成員中有一些曾經是激進派，包括記者和小說家麗貝卡‧韋斯特，但是其訴求內容以及所採取的方式基本都稱不上激進。她們也着力解決婦女的特殊問題，呼籲改善未婚婦女和孤兒寡母的境遇，改革涉及侵犯兒童行為的法律。她們希望已婚男女享有同等的子女監護權，男女教師獲得同等薪酬，她們還反對政府機構中對女性的歧視。她們發佈了一份黑名單，上面列有敵視婦女權益的議員的姓名，督促婦女們無論自己持何種政治立場，都不要投票給他們。

6　Eleanor Rathbone 1872–1946：英國社會改革家。

7　六點團：由朗達夫人(Lady Rhondda)建立的婦女組織，因提出男女平等的六點主張而得名。

20世紀20年代，新出現了幾家面向女性的雜誌，不過它們的名字——《婦女和家庭》、《好管家》——清晰地表現出對其讀者沒有寄予太高的期望。但是也有不同的聲音，在婦女地位這個問題上表現得要激進一些。1920年創刊的《時代與潮流》擁有一些著名的撰稿人，包括弗吉尼婭・吳爾夫、麗貝卡・韋斯特和羅絲・麥考利[8]。這家雜誌認為婦女應該行動起來，依靠自己的力量，向所有政黨施加壓力，要它們解決婦女的種種關切。它還提出了眾多婦女問題，包括未婚母親及寡婦的地位、子女監護權等。1925年，韋斯特一如既往鬥志昂揚地寫道：

> 我是一名老派的女權主義者……我們隊伍中有些人有意降低了嗓門，冷靜地告訴我們性別對立的時代已經終結，因此我們只能和男人攜手並進。我不相信這一套。

　　韋斯特是一名社會主義者、一名婦女選舉權運動者和一位富有成效的宣傳家，她始終鬥志旺盛——她認為婦女還有很多東西需要通過鬥爭去爭取。

　　但是，她的寫作主題十分廣泛，思想深邃，經常妙語含諷。她嘲笑男性對女性一廂情願的想法：「如果我們想讓每個女人都變成聖母，我們必須讓她們有

---

8　Rose Macaulay 1881–1958：英國女詩人和小說家。

足夠的食物。」不過她對無所事事的上層婦女也同樣尖刻，說她們整天「在房子裏晃蕩，遲鈍的頭腦裏一心想着聚會」。

在此後的歲月裏，麗貝卡·韋斯特還就審判納粹戰犯發表過非常有影響的文章。20世紀30年代後期，她寫了一部有關南斯拉夫的書，篇幅很長，十分有趣。另一方面，她的小說也流露出一種對男女關係的多愁善感，這種多愁善感令人意想不到，往往還有些膩人。也許這源自她似乎並不幸福的個人生活：她和H. G. 威爾斯[9]有一個私生子，雖然他們一起生活了幾年，不過兒子安東尼基本上是她獨自撫養大的。安東尼後來對母親十分惡劣，顯然沒有想過母親經歷了怎樣的艱難歲月。

在這段時期，大眾媒體，無論是出於緊張不安還是尖酸刻薄，自始至終都傾向於把女權主義者描繪成失意的老姑娘或母夜叉。一名記者評論道，因為戰爭，許多年輕女性都「已經沒有了女性特徵，變得十分男性化，事實上，這種中性狀態在她們身上體現得極為明顯，以至於這些個體都被(不厚道地)稱為『它』，而非『她』了」。女教師和女公務員一樣，有時不得不奮起反抗性別歧視。20世紀20年代，經濟開始陷入蕭條，女性和以往很多時候一樣首當其衝，面臨着失業。

---

9　H. G. Wells 1866–1946：英國著名科幻小說家。

不過，的確有更多的女性受到了良好的教育，不僅是中小學教育，還包括大學程度的教育，這在很大程度上要歸功於埃米莉·戴維斯(見第五章)。然而，在《一間自己的房間》裏，弗吉尼婭·吳爾夫以她特有的拐彎抹角的方式，揭示了女性在劍橋大學淪為二等公民的情形：她描述自己如何被禁止進入一座著名的圖書館，描述自己和女子學院的一位同窗好友如何不能像男生那樣吃鰨目魚和山鶉，而只能喝肉湯、吃牛肉。1935年，另一位名叫多蘿西·L. 塞耶斯[10]的作家根據自己在牛津大學薩默維爾學院的學習經歷，創作了小說《俗麗之夜》，以寬廣的胸懷深情地褒揚了一批牛津大學女教師所表現出來的正直誠實、聰明才智和對他人無微不至的關懷(雖然她不得不安排一位男偵探來幫助她們解開一樁罪案的謎團)。她筆下的一位女教師不無欣慰地說，她們的確取得了很大成就——這都是靠「錙銖必較」取得的。

為法律平等、公民平等和教育平等而奮鬥過去一直是——從某種程度上說現在依然是——女權主義的核心內容。但是，這場運動也凸顯了兩性差異，要求重新更加深刻地理解女性作為妻子和母親的特殊需求。20世紀早期最有意思——從長期來看影響也最為深遠——的事件之一便是避孕。這個話題當時很少被公開討論過，而且時至今日仍然能激起強烈的反對。

10 Dorothy L. Sayers 1893–1957：英國著名偵探小説家。

早在1877年，支持節育的組織馬爾薩斯聯盟[11]就開展了避孕方法的宣傳活動。該組織的兩位重要成員——安妮·貝贊特和查爾斯·布雷德洛[12]——因為出版了與此相關的《人口規律》這本美國人寫的小冊子而遭到審判。（同樣是這位安妮·貝贊特，在19世紀80年代強烈支持抗議布賴恩特－梅火柴廠惡劣工作條件的女工罷工。）

《人口規律》的作者瑪格麗特·桑格(Margaret Sanger)曾在紐約貧民窟裏做過護士，為那裏的婦女服務過。她還創辦了月刊《婦女反叛者》，不僅號召革命，而且——顯然更加危險的是——還介紹避孕知識。在一本名為《計劃生育》的小冊子中，她認為避孕能夠讓「普通婦女」擁有「兩情相悅的滿意性行為……其魅力在於能夠促進健康，而且還有美容提神之功效」。1873年通過的《康斯托克法》規定，郵遞「淫穢、下流或猥褻」材料屬違法行為。桑格在出庭受審的前一天離開了美國，於1914年到達格拉斯哥，後於1915年7月抵達倫敦，在那裏結識了瑪麗·斯托普斯(Marie Stopes)。

雖然二人志趣相投，但是她們的關係卻根本談不上融洽。斯托普斯是個令人困惑、難以相處的女人。

---

11　馬爾薩斯聯盟：英國第一個致力於宣傳避孕知識的組織(1877–1927)。

12　Charles Bradlaugh 1833–1891：英國社會活動家和著名無神論者。

在少女時代，她既聰明伶俐又胸懷大志，在父親的鼓勵下，一直讀到大學，獲得了理學學士學位。但是——大概和那個時代其他許多家教良好的女孩一樣——她對於性幾乎一無所知。即使如此，她在十分漫長的時間裏依然保持着性無知，還是令人覺得不可思議。在和一個名叫藤井健次郎[13]的日本男人保持了一段熱烈但無性的長期戀情後，她嫁給了一個名叫雷金納德·蓋茨[14]的男人。他們在這段婚姻中始終沒有同過房，但是斯托普斯直到大約三年後才意識到缺了點什麼。她後來再婚嫁給了漢弗萊·羅[15]，但是第二次婚姻遠不如她所期望的那樣幸福美滿，不過羅在她後來開辦節育診所時給予了她寶貴的支持。但是斯托普斯至少找到了有效的方法來克服自己的無知，進而幫助那些幾乎和自己當年一樣無知的婦女。她後來寫了《婚後之愛》（1916），半個月內售出2,000本，年底時已經達到了六個印次。接着，她又寫了《明智的父母之道》（1918）和《做個快樂母親》（1920）。她的文風——嗯，有些華麗：

在那永恆的時刻，在那狂喜的巔峰，令人幾近昏厥

13　Kenjiro Fujii 1866–1952：日本植物學家和細胞學家。

14　Reginald Gates 1882–1962：加拿大植物學家和遺傳學家。

15　Humphrey Roe 1877–1958：英國飛機設計家、製造商，第一個用自行設計的飛機飛行的英國人。

圖10　瑪格麗特‧桑格，為紐約貧民窟婦女服務的護士，讓避孕知識惠及千家萬戶 —— 此舉在當時需要極大的勇氣 —— 她不得不為此逃離祖國，躲避法律的追究。

的湧動壓倒了精神，將男人和女人的全部精華一舉捲入它那迸發的高潮之中。

這種(毫無可信度的)極樂和另一副陰鬱但同樣奇異的景象形成了鮮明的對比：

揮霍無度者繁殖得如此之快，容易生下由於身心畸形孱弱而柔弱殘疾的孩子，同時卻要求健全而節儉者來養活。

不過，瑪麗‧斯托普斯以實際行動表明她是瑪格麗特‧桑格忠實的朋友。當桑格回到美國再次面臨指控時，斯托普斯挺身而出給予她以支持。她不僅為桑格組織了一次請願活動，還以她特有的華麗文風給美國總統寫了一封信：

對一個女人來說，她的每一根纖維、每一塊肌肉和每一根毛細血管都被一種神秘而日益加劇的恐懼所悄然毒害，這恐懼來自一個意外在她心臟之下慢慢成形的胚胎，比任何噩夢都徹骨、漫長。先生，您可曾想像過作為這樣一個女人意味着什麼？

瑪麗‧斯托普斯的書——至少就其實用性而言，明顯滿足了一個迫切需求——實際上延續了十分暢

銷的勢頭。她堅持認為「正常男人的性需求」並不比「正常女人的更強烈」，這顯然觸動了許多女性的心弦。她後來和雷金納德‧蓋茨在倫敦北部的霍洛韋區開辦了一家節育診所，為貧苦婦女提供免費避孕諮詢。診所的宣傳手冊上聲稱，他們為那些身體內部受到損害的「奴隸母親」帶來健康和衛生，這些母親每年都生下「孱弱的嬰兒」，但是「中產階級和醫學界卻冷漠地任其生活在脅迫之下的無知中」。但是瑪麗‧斯托普斯也樹敵不少，這些人與她有着共同的興趣，本來也許會和她精誠合作的。1928年，一個潛在的同路人抱怨她患有「偏執狂和誇大狂」。

1936年，一群婦女成立了墮胎法律改革協會，着力應對一個更具爭議性的問題。她們稱每年大約有500名婦女死於墮胎，而這都是非常無謂的。她們中的一位活動家、出生於加拿大的斯特拉‧布朗[16]勇敢地公開承認：「如果墮胎會致命或造成受傷，那麼我就不會站在你們面前了。」這個問題直到20世紀50年代(以及之後)仍爭議不斷，但已經有數個婦女組織開始敦促將墮胎合法化。1956年，一項報紙民意調查發現，在200個受訪者中，51.9%的人贊成自主墮胎，23.4%的人贊成由於健康原因進行墮胎。然而，在20世紀70年代

---

16　Stella Browne 1880–1955：加拿大女權主義者、社會主義者和性別激進
　　分子，支持女性節育。

女權主義復興後的很長一段時間內，墮胎依然是一個頻頻引發爭議的主要問題。

一些當代女權主義者不屑地認為弗吉尼婭·吳爾夫與女權主義毫不相干。例如，希拉·羅博特姆[17]評價說，在《一間自己的房間》裏，吳爾夫要求擁有500鎊年金和一個自己的空間，這針對的僅僅是少數受過教育的中產階級女性。此話不假，但是她依然擁有讀者，而且其中還有那些對大部分女權主義作品不屑一顧的女人(和男人)。的確，吳爾夫對於「女權主義」這個字眼懷有矛盾情緒。該書最初出版時，她承認自己很擔心會「被視為女權主義者而受到攻擊」。在《三幾尼》——後來一部要陰暗許多的作品，寫於戰爭迫近和法西斯主義膨脹的陰霾之下——中，吳爾夫直接抨擊了「女權主義」這個說法，認為這是「一個陳舊的字眼，一個惡毒、邪惡的字眼，盛行之時已為害不淺，現在則已經過時了」。她向「受過教育的男人的女兒」——而非僅限於受過教育的女性——發出的呼籲現在聽起來相當缺乏策略，而且即使是在20世紀30年代想必也已經相當過時了。(她解釋說，「受過教育的男人」指的是那些上過牛津或劍橋的男人。)但是她有力而尖銳地指出，「亞瑟教育基金」幾十年來，乃至幾百年來，使男孩而非其姐妹受到了應有的

---

17 Sheila Rowbotham 1943–：英國社會歷史學家、女權主義作家及理論家，信仰社會主義。

教育。她諷刺道，直到1919年，婚姻都是「唯一向女性敞開大門的偉大職業」。而且，她又補充說，她們由於缺乏教育竟，連從事這項職業都不夠格。

在《一間自己的房間》中，弗吉尼婭·吳爾夫為當時剛剛遭到一個男人批評的麗貝卡·韋斯特進行了辯護。這個男人稱，韋斯特是「徹頭徹尾的女權主義者！她說男人都是勢利眼！」吳爾夫擔心，婦女選舉權運動「極可能已經激起了男人獨斷專行的超強欲望」。她說，畢竟「這幾百年來女人一直扮演着鏡子的角色，這鏡子有着一種奇妙的魔力，能映照出兩倍於實際塊頭的男人形象」。她堅信，大部分女性事實上都不知道男人到底有多麼憎恨她們。「男人反對婦女解放的歷史，」她冷冷地說道，「也許比婦女解放這個過程本身更有意思。據此可以寫出一本有趣的書來。」不過作者她補充道，「得戴上厚厚的手套，躲到護欄後面，以免被堅硬的金子所傷。」不管怎麼說，現在看起來滑稽可笑的事情，「曾不得不極度認真地予以對待……你們的祖母和曾祖母中，許多人曾哭乾了眼淚。」

在匆匆翻閱小說家「瑪麗·卡邁克爾」[18] 寫的一部現代小說時，吳爾夫碰到了「克洛艾喜歡奧利維婭」這樣的表述，「接着，它使我猛然意識到這中間

---

18　Mary Carmichael：吳爾夫虛構的小說家，以其獨特的句式頗受好評。

發生了多麼巨大的變化。克洛艾喜歡奧利維婭，這在文學中也許還是頭一遭。」也就是說，在此之前，小說中女性幾乎總是因為和男性有關係才出現的。接着往下讀，吳爾夫瞭解到這兩個女人共用一個實驗室，「實驗室本身會使她們的友誼更加豐富多彩、更加持久，因為其中個人因素要少一些。」於是她驚呼，瑪麗·卡邁克爾也許在從未有人涉足之地點燃了一支火炬，探索着這樣一個地方：「婦女獨立存在，不需要異性用變幻莫測的彩燈去照耀。」

在《一間自己的房間》中最令人難忘的部分，吳爾夫總結了自己對婦女才華過去曾經——現在依然時常——如何遭到壓制和浪費的論述。她審視了歷史上一些才華橫溢的女性，從紐卡斯爾公爵夫人、喬治·艾略特到夏洛蒂·勃朗特——她們被剝奪了「體驗、交流和旅行」的機會，因此從未像她們原本能夠做到的那樣寫出鏗鏘有力、磅礴大氣的東西來。吳爾夫還創造了莎士比亞之妹朱迪絲(Judith)這個令人難以忘懷的有力形象。她和哥哥一樣天資聰慧，卻不可避免地對男人感到失望，遭到他們的嘲笑和利用。和哥哥一樣，她滿懷希望地來到倫敦的一家家劇院，但是很快「發現自己有了身孕……於是——當詩人的心被禁錮羈絆在一個女人的體內時，誰能瞭解它的熱度和強勁搏動呢？——她在一個冬夜自殺了，埋在某個十字路口，就是今天公共汽車在大象堡外停靠的位置」。但

是「她就活在你我身上，活在許多今晚不在這裏的女人身上，因為她們要洗碗，要哄孩子上床」。

# 第九章
# 女權主義第二浪潮：20世紀後期

　　第二次世界大戰後，有幾個國家出現了有時被稱為女權主義「第二浪潮」的婦女運動。1946年，聯合國設立了婦女地位委員會，並於兩年後頒佈了《世界人權宣言》，規定成年男女「在締結婚姻、結婚期間和解除婚約時，享有平等的權利」，同時還承認婦女作為母親時有權享受「特別照顧和協助」。1975年到1985年之間，聯合國分別在墨西哥城、哥本哈根和內羅畢召開了三次國際大會，討論婦女問題。這幾次大會承認女權主義

> 是來自不同地區、階層、國家和民族背景的婦女對自身關切和權益作出的政治表達……女權主義具有多樣性，而且必須具有多樣性，這反映了不同女性的不同需求和關切，並由她們自行對其進行界定。

非洲婦女作了有益的提醒：

> 婦女也是統治他人的階層和國家的一分子……和

「姐妹情誼」的良苦用心相悖，並非所有婦女都有相同的權益。

　　許許多多西方女性紛紛拿起了筆。當時最有影響力的人物之一便是法國作家西蒙娜‧德‧波伏瓦[1]，而且至今仍然如此。她的作品——包括四卷本自傳和幾部小說——總體構成了對一個女人個人體驗的深度探索。其他許多國家的女性紛紛響應，稱波伏瓦的《第二性》(1949)幫助她們看到了在女性所處的大環境下自己個人的種種挫折。波伏瓦認為，從古至今，婦女被剝奪了享有完整人性的權利，被剝奪了創造、發明以及超越單純的生存在不斷拓寬的事業領域中尋找生命意義的人權。男人「改造地球的面貌，創造新的儀器，進行發明創新，鑄造未來」；而另一方面，女人卻始終是一個原始的「他者」意象。她被男人觀看，也是為了供男人觀看，永遠都是客體而非主體。

　　在分別探討女童、妻子、母親、妓女、自戀者、女同性戀者和戀愛中的女人的各個章節中，波伏瓦從不同方面闡述了她的中心論點：正是男性活動在創造價值的過程中使存在本身具有了價值；這種活動壓倒了各種紛繁複雜的生命力；「它征服了自然和女性。」她認為，女性代表自然、神秘、非人類；她所

---

1　Simone de Beauvoir 1908–1986：法國著名存在主義作家、小說家、哲學家和當代最負盛名的女權主義者。

代表的比她的實際存在 —— 即她的個體經驗 —— 更重要。

但是波伏瓦堅持認為「女人並非天生，而是後天造就的」；女人能夠改變她的處境。大部分女性都錯誤地在愛情中尋求救贖。但是，波伏瓦自己的選擇或許也太過簡單了：她構想出一個「獨立女性」的形象，這個女性

> 想要積極主動，成為主導者，拒絕接受男性意在強加於她的被動地位。現代女性接受男性的價值觀；她為自己能以和男性相同的方式進行思考、採取行動、開展工作、從事創造而自豪。

這個形象若是我們的未來，肯定沒有多少吸引力。但是她正確地指出，有太多女性念念不忘女子氣質所帶來的種種優待；同時又有太多男性樂於見到女子氣質強加在女性身上的種種限制。今天，女性徘徊在過去和可能的未來之間，這個未來充滿艱難，尚不為人知。

波伏瓦一向反對任何極力主張婦女具有特殊品德或特殊價值觀的女權主義，堅定地摒棄任何將特別「女性化」的特質理想化的舉動。她認為，支持那種女權主義只會暗示自己贊同

男人為將女性束縛在被壓迫狀態之下而編造的鬼話。對女性來說，這並不是一個要強調自己是女人的問題，而是一個要成為完完全全的人的問題。

不過，雖然波伏瓦曾經並且一直對某些形式的傳統女權主義持批評態度，但是她對日漸興起的婦女解放運動(MLF)讚歎不已。在1972年的一次訪談中，她承認自己意識到

在我們夢想的社會主義到來之前，為婦女的實際地位而鬥爭是必要的……即使是在社會主義國家，這種平等也尚未實現，因此，婦女必須把命運掌握在自己的手中。

1971年，波伏瓦和其他婦女一起在《新觀察家》[2]上發表了一篇署名宣言。宣言由當時一個正在推動墮胎合法化的婦女解放運動團體起草，343名婦女在上面署了名，宣稱「我曾經墮過胎，現在我要求所有婦女都享有這項權利」。然而，她始終堅持說自己並沒有親身經歷過婦女的「冤屈」，自己逃脫了在《第二性》中作過精彩分析的那種壓迫。(這種說法並不怎麼令人信服。)

---

2　《新觀察家》：法國巴黎的一份新聞週刊。

圖11　西蒙娜‧德‧波伏瓦也許是整個20世紀最具影響力的西方女權
　　　主義者，她的自傳、小說以及偉大的女權主義理論著作《第二
　　　性》使其依然聲名顯赫。

我非但沒有因為我的女性身份而受苦，相反，20歲以來，我已經集兩種性別的優勢於一身……我身邊的人既把我當成作家、他們男性世界的夥伴，又把我當作女人……恰恰是這種有利的位置，鼓勵我撰寫了《第二性》。這個身份使我能夠暢所欲言。

但是波伏瓦的四卷自傳——《孝女回憶錄》《年富力強》《勢所必然》和《歸根到底》——以及1964年那本令人啼笑皆非地取名為《十分安詳的辭世》的關於她母親的書，以獨一無二的詳盡、非同尋常的坦率以及時常感人至深的筆觸帶領我們作了一次穿越她個人經歷的體驗之旅。她從未說過自己是別人的楷模，但是她以自己的人生為其他人樹立了成功的榜樣，展示了一個女孩如何逃脫「客體、他者」的女性角色。她內心對自己專注於婦女問題幾乎懷着愧疚之情，因為「我們中有一些人從未因我們的女性身份而感到有什麼不便或阻礙」。但是她承認，一個拿起筆的女人不可避免地提供了

一根供人打擊的棍棒……如果你是年輕女人，他們會縱容你，樂呵呵地衝你擠眉弄眼。如果你上了年紀，他們會恭恭敬敬地向你鞠躬施禮。但是在青春逝去之後，倘若你膽敢在獲得長者的威儀之前發言：整群人都會對你窮追猛打。

她的自傳以及小說更加感人，當然也更加直接地面向女性讀者，因為或許有悖於波伏瓦的初衷，這些作品——不可避免地——喚起了她本人的挫敗感和不安全感，且不論其根源是她和讓–保羅·薩特[3]的長期關係中薩特的不忠，還是她自己和美國作家納爾遜·阿爾格倫(Nelson Algren)以及克洛德·蘭茲曼[4]之間的感情糾葛，抑或是她自己膝下沒有一男半女。

但是自始至終，波伏瓦都對新鮮體驗持開放態度。1955年，她和薩特訪問中國後，寫了《長征》，宣稱它「顛覆了我對我們這個星球的所有認識」，因為她開始認識到「我們西方的安逸生活僅僅是一種有限的特權」。她在自己最後一部重要的理論著作《暮年》(1970)中，面對最終不可避免的失敗，仍然竭力保持冷靜的頭腦，這或許是她最為感人的作品。

貝蒂·弗里丹[5]在1963年出版的《女性奧秘》一書中，戳穿了美國富裕白人郊區快樂的家庭主婦這個神話。她寫道：「這個尚不具名的問題像個癌子一樣從快樂的美國神話中爆裂出來。」創作本書的想法源於她參加完一次同學聚會後為一家雜誌撰寫的一篇文章。在那次聚會上，她詢問在場的其他婦女：「如果

---

3　Jean-Paul Sartre 1905–1980：法國作家和哲學家，為存在主義文學的主要創始人之一。

4　Claude Lanzmann 1925–：法國著名紀錄片製片人。

5　Betty Friedan 1921–2006：美國女權主義者和作家，被譽為「女權主義第二浪潮之母」。

能重頭來過，你希望自己當初的選擇有何不同？」她們的回答使弗里丹意識到了一種不可名狀但普遍存在的不滿情緒。有人批評她思想狹隘，只顧中產階級；她的言論過於簡單化，只會督促郊區婦女進行自己的人生規劃，跳出家庭雜務的羈絆，到外面的世界去工作，同時卻無視眾多沒有那麼幸運的婦女已經在家務勞動和外面薪酬通常都十分微薄的工作之間疲於奔命了。這個批評不無道理。黑人女權主義者貝爾·胡克斯(bell hooks)為比較貧困的美國人爭辯道：

> 解放意味着一個母親終於獲得了辭職的自由 —— 呆在家裏，過着有錢人那樣的日子……能夠工作和不得不工作是截然不同的兩回事。

但是，弗里丹的著作論證嚴謹，文風犀利，甚至還慷慨激昂地控訴了這樣一個事實：即使是富裕的中產階級婦女也過着受限制的生活，而且絕大多數情況下都垂頭喪氣地接受這種限制。她堅持認為，每個婦女都至少應該問一問自己到底想要什麼，然後她或許才能真正意識到「無論是丈夫、孩子、房中之物、性還是活得和其他婦女一樣，都不能給她一個自我」。

弗里丹本人一直具有激進的政治背景，她的早期作品尤為明顯地表現出她對社會不平等的敏銳察覺。而且，她和一群其他婦女 —— 其中一些來自汽車工人

聯合會——後來成了美國全國婦女組織（NOW）的創始人。全國婦女組織的宗旨是：「使婦女完全融入當下美國社會的主流，享有由與男性真正平等的夥伴關係所帶來的所有權利與責任。」和女權運動中一些年長的婦女一樣，弗里丹擔心女權主義的新論調「僵化地反抗過去，在同樣的老問題上老調重彈」，而不是向前邁進。在《第二階段》（1981）一書中，她一方面承認婦女的狀況發生了很大的變化，另一方面又表示變化少之又少。雖然長期以來人們為了讓《平等權利修正案》[6] 獲得通過已經付出了艱苦卓絕的努力，但是仍有一些州拒絕批准這項修正案。弗里丹和新一代女權主義者之間的隔閡也許不可避免地愈來愈深了，但指責她與「男權回潮」同流合污也未免有失公允。她深有同感地援引了多倫多一位記者的話：

> 我今天不想被人貼上女權主義者的標籤，正如（20世紀）50年代我不想被人當作「頭腦簡單的金髮女郎」一樣。婦女解放論者這個標籤限制並蒙蔽了那些被貼上這個標籤的人。不無諷刺的是，這個標籤居然源自一種原本旨在消除給女性貼標籤這種做法的想法。

---

6　《平等權利修正案》：美國憲法修正案，旨在廢除許多州和聯邦政府歧視女性的法律，該議案已獲通過，但尚未獲得批准。

她的批評也許不夠公允，但卻也不能充耳不聞。在西方女權主義運動──不久後被稱為婦女解放運動──內部，至少最初存在着千差萬別，充斥着一種能量，這種能量部分來自於對被排斥在當時左翼團體之外的憤怒，部分來自於蓬勃興起的運動本身內部不無裨益的觀點分歧。許多年輕一些的婦女──在學生運動中，在反越戰示威者和新左派分子中──感到她們的男性戰友把她們邊緣化了。1965年，美國學生爭取民主社會組織(SDS)[7]中的女性成員宣稱，學會了「從根本上思考過去社會角色從未受到過質疑的人的個人價值和能力」之後，這場運動中的許多女性「已經開始嘗試將這些經驗教訓運用到她們與男性的關係中去」。兩年後，美國學生爭取民主社會組織的女性強調說她們的「兄弟們……認識到他們必須解決自身的大男子主義問題」。一些女性發行了一份名為《婦女解放運動之聲》的小報。同時發行的還有自覺被男性戰友邊緣化了的新左派分子的一份宣言，她們對斯托克利·卡邁克爾[8]那番臭名昭著的言論大為光火：「女人在運動中的位置就是俯臥。」

---

7　學生爭取民主社會組織：美國新左派激進學生組織，成立於20世紀60年代初期，認為大學是戰爭和種族主義的幫兇，採用激進方式要求進行大學改革，試圖將大學校園改造為革命陣地。

8　Stokely Carmichael 1941–1998：原名夸梅·圖雷(Kwame Ture)，生於特立尼達，11歲隨父母移民美國，為黑人運動、美國民權運動和泛非運動活動家。

圖12　貝蒂·弗里丹在紐約，1970年。

貝爾·胡克斯在《女權主義理論：從邊緣到中心》(1984)一書中，尖銳地批評了整個女權運動，認為那些「受性別壓迫最為深重……無力改變自身生活現狀」的女性從未得到為自己說話的機會。她堅持認為，當下的女權主義具有種族歧視色彩，造成許多女性幻想破滅，痛苦不堪。參加運動的女性一直無視種族和階級這兩個緊密交織的問題。事實上，強調對女性的普遍「壓迫」嚴重忽視了美國社會內部真正的不平等。胡克斯認為，白人女性表現得好像這場運動是屬她們的似的，她們忽視了這樣一個事實：婦女內部也因各種各樣的偏見而四分五裂，這些偏見包括「性別歧視、種族歧視、階級特權」等。胡克斯回憶起自己在女權主義團體中的親身經歷時說：「我發現白人婦女對我和其他非白人成員抱着一種居高臨下的態度。」黑人女權主義者不無道理地指出：「白人女權主義者提出的每個問題都對黑人產生着異常嚴重的衝擊。」

在美國，女權主義的表達形式多種多樣，從格洛麗亞·斯泰納姆[9]1970年創辦的通俗易懂、印刷精美的《女士》[10]雜誌，一直到黑人單身母親姊妹會，不一而足。凱特·米利特[11]在《性政治》(1970)一書中，

---

9　Gloria Steinem 1934– ：美國女權主義領袖、記者和著名女權主義報人。

10　《女士》：美國女權主義雜誌，為20世紀70年代最著名的女權主義刊物。

11　Kate Millett 1934– ：美國著名女權主義作家。

着力分析了「作為政治制度的父權制」。她強調說，政治指所有「存在權力結構的關係」，兩性之間的關係是「統治和被統治的關係」，這種關係在很大程度上尚未得到仔細探究。她認為，女性一方面被偶像化了，同時另一方面又被施以恩惠。為了支持自己的論點，她犀利地分析了不同時期和不同文化中一些作家的父權制態度：弗洛伊德[12]、D. H. 勞倫斯[13]、亨利·米勒[14]、諾曼·梅勒[15]和讓·熱內[16]。她幾乎看不到女性眼下有什麼出路。她的結論是：「也許我們……能夠把性別從嚴酷的政治現實中剝離出來，但是這要等到我們從現在所居住的沙漠裏創造出一個我們能夠忍受的世界時才能實現。」其他的政治表述還有美國舒拉密斯·費爾斯通[17]的《性別辯證法》（1970），他認為社會中的基本對立、最深重的壓迫不是階級，而是性別。她希望有一場真正的「女權主義革命」，但是又認為這場革命要求對性別戰爭的力量對比作出全面的

---

12  Sigmund Freud 1856–1939：奧地利精神科及神經科醫生、心理學家，為精神分析學派創始人。

13  D. H. Lawrence 1885–1930：英國小說家和詩人，其作品曾因露骨的性描寫而遭查禁。

14  Henry Miller 1891–1980：美國「垮掉派」作家和畫家，其作品曾因露骨的性描寫而遭查禁。

15  Norman Mailer 1923–2007：美國小說家，其作品反應現實，也渲染變態心理和變態情欲。

16  Jean Genet 1910–1986：法國劇作家、小說家和詩人。

17  Shulamith Firestone 1945–2012：美國女權主義者。

分析，就像馬克思和恩格斯為了經濟革命而對階級對立所作的分析那樣。而且還要更加全面，因為我們所應對的是一個更大的問題，所涉及的壓迫可以一直追溯到史前的動物王國。

在英格蘭，澳大利亞出生的傑曼·格里爾[18]寫了既生動又頗具挑釁意味的《女太監》(1970)一書，對「自卑感或天生依賴性」提出了質疑。此前，女性往往順從地接受這種說法，聽任其扭曲損害自己的生活。書中部分章節談到了中產階級的愛情和婚姻神話，論及為什麼成為「男性幻想對象」事實上閹割了女性以及「煮飯、穿衣、美容和持家」又如何成為令人焦躁的強迫性活動。

希拉·羅博特姆的《解放與新政治》(1970)和朱麗葉·米切爾的《婦女等級》(1971)都是為了響應英格蘭當時正在蓬勃興起的婦女解放運動。不過米切爾認為，這場運動「從它所獲得的認同和共同目標」來看是國際性的，而且大部分都「自稱是革命的，只是革命的形式千差萬別」。她在書中簡述了歐洲(荷蘭、瑞典和法國)和美國的婦女運動。她認為，各地婦女都是「最根本的受壓迫者，因此可能也最具有革命性」。她接着探討了四個必須予以變革的生活領域：生產、生育、性和子女社會化。

---

18　Germaine Greer 1939– :英國作家、記者和女權主義批評家。

## 女同性戀女權主義

20世紀60年代後期，許多女同性戀者感到自身在婦女運動和正在興起的男同性戀解放組織中被邊緣化了。美國全國婦女組織主席貝蒂・弗里丹曾因把宣傳女同性戀問題的婦女形容為「紫色威脅」而引起軒然大波。她的詆毀遭到了一篇名為《認同女人的女人》的簡短宣言的憤怒駁斥。1973年，美國著名記者吉爾・約翰斯頓(Jill Johnston)發表了《女同性戀者的國度 —— 女權主義的出路》，其中對異性戀作了妙語諷刺：「開始時你沉浸在他雙臂的環抱裏，最終你的雙臂沉浸在他的洗碗槽裏。」

一些女同性戀者堅持認為她們是婦女解放的關鍵所在，因為她們的存在本身威脅到了男子至上主義的軟肋。有時女同性戀被認為是婦女在政治上最正確的選擇，甚至是唯一政治正確的選擇。麗塔・梅・布朗[1]認為，異性戀和同性戀婦女之間的差別就是「改良和革命之間的差別」。在《沒有回頭路：20世紀80年代女同性戀和男同性戀解放運動》一書中，男性和女性作者一致批判了認為每個家庭都應該是異性戀家庭的俗見，同時還批判了流傳甚廣的「男強/女弱角色模式中女性天生低人一等的觀念」。

---

1　Rita Mae Brown 1944–：美國作家，著有描寫女同性戀體驗的作品。

這些著述源自這場新興但發展迅猛的婦女運動，同時也受到了它的鼓舞。這場運動波及國家眾多，有包括英國在內的歐洲國家，但同時或許至關重要的是還包括美洲國家。民權運動[19]、黑人運動[20]和學生爭取民主社會組織中的女性抱怨道，有太多時候她們被當成「打字員、茶水招待員和性對象」。

1968年11月和1969年，大西洋城「美國小姐」選美比賽現場發生了數場抗議活動。女權主義者給一隻綿羊戴上后冠，嘲弄選美比賽，使這場新興的婦女運動備受矚目。抗議者認為，選美比賽象徵着女性總體遭到客體化、矮化，對她們的評判標準首要是相貌。一位女權主義者厭煩地評論道：「女人生命中的每一天都是一場活生生的『世界小姐』選美比賽。」

在倫敦，1969年以來婦女們一直在舉行小規模集會：有些婦女抗議越南戰爭，幫助開小差的美國士兵；其他婦女則來自傳統的左翼團體、學生運動或激進的實驗性反大學[21]。哈克尼[22]婦女開始製作一份名為《悍婦》的小報，後來的幾期由倫敦的其他團體出

---

19 民權運動：20世紀50至60年代非洲裔美國人要求平等權利的運動，其主要領袖為馬丁·路德·金（Martin Luther King, Jr. 1929–1968）。

20 黑人運動：又名黑人權力運動，20世紀60年代中期非洲裔美國人要求平等權利的運動。

21 實驗性反大學：新左派認為傳統大學教育不能滿足其需要而在兩年制社區大學中進行的試點改革。

22 哈克尼：英國倫敦東區一自治市鎮。

版。1971年底，《悍婦》接納了56家團體 —— 還有一家男性團體。1970年2月，原本定於在牛津召開一次大會，但有大批婦女兒童(以及少數男性)到會，會場只好從魯斯金學院[23]換到了牛津辯論會[24]。最重要的是，這些集會為女性提供了發言的機會：抒發心中的孤獨寂寞，談論工作中的平等權利、子女撫養、家務勞動、男性、革命等。這場不斷壯大的運動 —— 或許有些過於樂觀地 —— 明確了自己的訴求：同工同酬、教育平等、機會均等、24小時托兒所、自由避孕以及自主墮胎。婦女們在倫敦組織了一場聲勢浩大的遊行，她們打着橫幅，上書：「我們不漂亮，我們不難看，我們很憤怒。」

這場運動依舊主要是一場中產階級運動，雖然她們多次嘗試聯合工人階級婦女：女權主義者曾經支持了夜間清潔工要求提高薪酬、改善工作條件的活動，支持了達格納姆福特汽車廠女技師舉行的一次罷工。

也許這場新運動最顯著的特色在於其組織方式：婦女集會以小團體的形式進行，有些是地區性團體，其他的 —— 後來 —— 則抑或討論特定的問題，抑或為了特定的事業而奮鬥。但是大部分團體都參與某種形式的「提高覺悟」活動。這個字眼是美國婦女凱

---

23 魯斯金學院：牛津大學下屬獨立學院。

24 牛津辯論會：牛津大學1823年成立的會員制辯論社團，經常邀請名人政要進行辯論。

圖13 所有女人都美麗：反對「美國小姐」選美比賽的示威活動，大西洋城，1969年。

茜‧薩拉蔡爾德[25]杜撰的：婦女們定期集會，從親身經歷出發進行交流。這不是閒話家長里短；團體意在探究婦女有哪些共同點，又有哪些不同點。其宗旨是開始在更廣闊的背景下理解個人的恐懼和不滿，並通過「分享、認識、述說」來發現這些恐懼和不滿中所蘊含的政治意義。正如朱麗葉‧米切爾所說的那樣：「婦女們懷着各自生活中難以名狀的挫敗感加入到這場運動中來，發現自以為是個人困境的東西其實是一個社會困境。」

米切爾表示，提高覺悟是「言所未言：事實上，和『一起閒聊』正好相反」。不能應付自己生活中所遭遇的特定壓迫形式的婦女，「開口談論折磨着其他婦女的壓迫形式時，就會遭到別人的極度不信任……如果我們不能面對我們自己的問題，那就無權聲稱能解決別人的問題」。男人是不可以參加的，主要不是出於敵意，而是由於意識到女性至少在公共場合，「在思想上和/或在調情中」，有聽從男性的習慣。

提高覺悟從來都不是僅僅意在 —— 像詆毀者有時聲稱的那樣 —— 進行什麼「集體治療」。在會上，婦女們輪流發言，講述自己的問題和不滿。這並不是要簡單地發洩一下個人怨氣，而是希望進一步認識到這些問題和不滿可能並不僅僅是她們個人的情況。通過這種方式，她們會發現作為女人她們有哪些共同之

25 Kathie Sarachild 1943– ：美國激進女權主義者。

## 身體問題

女權主義第二浪潮最迫切關注的問題之一便是女性對自己身體的權利。西方女權主義者經常探討與美貌和加諸女性外貌之上的價值相關的問題 —— 這乍看起來可能很膚淺，但細細想來並非如此。我們周圍充斥着撩人心弦、光彩照人的媒體形象，部分由於這個原因，某些女性急切地想通過追求最新時尚來尋求逃避，而其代價之高往往令人不堪忍受。另一些女性則可能會訴諸更加不顧一切、更具自我摧殘色彩的舉措：抑或節食節到了患厭食症的程度（其間可能還會伴有強迫性進食症和貪食症），抑或迫不及待地尋求自殘，亦即整容手術。

蘇茜·奧巴赫[1] 的《肥胖是女權主義問題》（1978）和娜奧米·沃爾夫[2] 的《美貌神話》（1990）均探討了困擾着許多當代女性的生理上自我厭惡和對年齡增長的恐懼 —— 她們為此感到困擾是可以理解的。即使是在富裕的西方，婦女也不得不為了得到更好的醫療保健權利而作艱苦鬥爭：為了在分娩方面得到充分的婦科指導和護理；為了獲得節育及必要時實施流產的權利；為了提高人們對乳腺癌、子宮癌等婦科癌症的關注力度。

---

1　Susie Orbach 1946–：英國學者、心理治療師和女權主義者。
2　Naomi Wolf 1962–：美國所謂的第三代女權主義作家。

處，且不論她們在階級、種族或個人經歷上有着什麼不同。（她們大多 —— 雖非全部 —— 都是比較年輕的女性，因此很少涉及年齡差異。）

正如一位美國女權主義者所說：「提高覺悟是對我們能夠信賴的信息加以政治分析的一種方式。這種信息就是我們的經歷。」另一位美國人舒拉密斯‧費爾斯通認為：「如果覺悟事先沒有得到必要的提高，無法充分地利用特定的自由，那麼去宣傳爭取這些自由便毫無價值。」其他婦女對此倒沒這麼肯定。有些婦女抱怨說，提高覺悟特別適合中上階層受過良好教育的女性，而且她們伶牙俐齒，精於此道，在組織中能夠獲得主導地位。事實上，當時大多數婦女都沒有多少群體動力學[26] 方面的知識。由於內部情緒有時變幻莫測，甚至會突然爆發，因此組織內一兩個成員可能很容易會覺得自己受到了不公正的批評，當了替罪羊，甚至是受到了排擠。一些集會的結果出人意料，不僅毫無裨益，反而徒增煩惱。姐妹團結可能力量很大，但有時人們忘記了姐妹之間的關係有時也很令人頭疼，難免會有分歧和不和。在英格蘭，早年的一次會議最終不歡而散，竟然是因為 —— 現在聽起來似乎不太可能 —— 女同性戀女權主義者和毛派女權主義[27] 者之間的一場激烈爭吵。還有一次週末會議在居

---

26　群體動力學：研究群體中成員之間相互作用的學問。

27　毛派女權主義：激進女權主義的一個分支，認為男權是女性受壓迫的

住着一大群煤礦工人的宿舍樓裏舉行，一些與會婦女顯然對如何應付工人階級男性以及如何回應他們的粗野玩笑毫無頭緒，開始大叫「姐妹們遭到了礦工的欺負」。

但是(真正的)男性暴力的確是一個迫切需要提出的問題。一些女權主義者，尤其是美國女權主義者，由於推動《平等權利修正案》而未獲通過，要求福利和墮胎權又遭到威脅，失望之餘便抓住男性暴力這個問題不放，認為這是女性二等公民地位和脆弱無助的象徵。1975年，美國婦女蘇珊·布朗米勒[28]出版了論述強姦的長篇專著《違背我們的意願》，具有劃時代的意義。本書解構了數百年來男性「強姦英雄這個神話」，提出了一個很快被其他女權主義者接納的口號：「色情作品是理論，強姦是其實踐。」(蘇珊·格里芬Susan Griffin便是這樣一位女權主義者。針對人們普遍輕描淡寫地為色情作品開脫，聲稱色情作品對男女來說都是一種「解放」，格里芬進行了有力的聲討。在《色情與沉默》(1981)一書中，她認為色情作品根本不像其辯護者所聲稱的那樣是在解放性能量，它所表達的其實是「對人體知識的恐懼和壓抑情欲的欲望」。)布朗米勒繼而指出，強姦恰恰正是所有男

---

根源，主張採取激進手段進行反抗。

28 Susan Brownmiller 1935- ：美國激進女權主義者，其觀點有很強的先鋒性。

圖14　婦女解放團體在倫敦遊行，1971年。

人刻意用來恐嚇所有女人的做法。她談論女性時並不感情用事。她後來的著作《女子氣質》顛覆性地巧妙解構了女孩們幾乎從搖籃時代起就在學習的把戲：勾引男人、與其他女人爭寵的花招和技巧。正如我們所知，女子氣質是浪漫的胡編亂造，是經過精心謀劃刻意保持下來的東西。它是「強加限制這個懷舊傳統」的產物。但是在《違背我們的意願》中，她辛辣而有力地嘲諷了經常利用一些粗俗的陳詞濫調對傷害女性的暴力犯罪一笑置之的做法：「哪有女人會在違背其意願的情況下被強姦」；「是她自己要求的」；「要被強姦時，還不如放鬆下來好好享受一下」。布朗米勒有力地引用了德高望重的約翰・厄普代克(John Updike)的小說《兔子歸來》中一個(女性)人物的話，書中人物不以為然地說：「你知道強姦通常是怎麼回事嗎？就是女人事後改變了主意。」

不幸的是，從法律上強調強姦的確是一種嚴重暴力犯罪的這種迫切需要，被一些後來的女權主義者曲解了。對另一位美國婦女凱瑟琳・麥金農(Catherine McKinnon)來說，女人，事實上幾乎就其定義而言，始終都是受害者。她堅稱：「隨時會被強姦在女性一生中是家常便飯。」

你成人時，你父親按住你，捂住你的嘴，這樣另一個男人就能在你兩腿之間製造出可怕的劇痛。年紀

再大些時，你丈夫將你綁在床上，將滾燙的蠟油滴在你的乳頭上，找來別的男人觀看，還讓你吮吸他的陰莖……在這千年的沉默之後，照相機被發明出來，於是當這一切發生時你便被拍進了照片裏……

她的朋友安德烈婭·德沃金[29]認為「色情就是女人的法律」，而且不講任何條件就直截了當地把強姦和性交畫上了等號。事實上，麥金農也持這種看法，她在《只有語言》(1995)一書的開篇就提出了一個她眼中女性經驗的可怕範式：最初的父輩強姦將我們凍結在永遠的恐懼狀態之中。她不斷地塑造一個因曾受到侵害而永遠長不大的孩子的形象。她認為，這個孩子形象存在於大部分女人身上，即使是那些宣稱享受兩情相悅下性愛的女人也不例外：「侵犯者勃起；受害者尖叫，掙扎，流血，冒着血泡，變回五歲。」這是女權主義旗號下的傳奇劇。

---

29 Andrea Dworkin 1946–2005：美國激進女權主義者，以抨擊色情產業而著稱。

圖15　正如這個標語所示，美國的早期女權運動和英國一樣，很快便學
　　　會了如何將觀點表達得引人注目，詼諧風趣。（標語文字：終結人
　　　類犧牲！不要結婚！洗尿布不是成就。）

# 第十章
# 世界各國的女權主義者

「姐妹團結力量大」曾經是20世紀六七十年代最流行的女權主義口號之一。但是無論是在當時還是後來，這句話都遭到了人們的質疑，有時候還備受爭議。正如美國黑人詩人奧德里·洛德(Audre Lorde)1983年所說的那樣，這句口號掩飾了

> 種族、性別、階級和年齡的差異……一味宣揚容忍女性之間差異的做法是最蹩腳的改良主義。它完全否認了我們生活中差異所具有的創新功能。

1995年，她的憂慮引起了澳大利亞華裔洪美恩(Ien Ang)的共鳴。洪美恩認為女權主義者之間有時難免會出現溝通失敗，這

> 應該被當作一種更為樸素的女權主義的起點，這種女權主義正是由姐妹團結這種觀點本身的根本局限性所決定的……我們不應急於着理想化的團結一致這個名義去破除「溝通障礙」，而應承認並面對

這種障礙的頑固性，這樣做會大有裨益。

兩位作者都認為，白人中產階級婦女似乎常常是在強行推廣一種專注於性別歧視的女權主義，往往會忽視一些使性別觀念複雜化的因素，例如階級差別和種族歧視。巴西婦女認為，女權主義是「以歐洲為中心的」，沒有隻言片語談到她們該如何應對本地的緊迫問題：種族暴力、健康問題以及黑人婦女求職時所可能遭遇的種種困難。事實上，一些拉丁美洲婦女居然抵制「女權主義」這個字眼。同時，有越來越多的人意識到，相對於西方女權主義者與性別歧視、社會及政治不平等進行抗爭，「第三世界」婦女還不得不面對更多、甚至更棘手的問題。她們經常不得不與根深蒂固的本地信仰和風俗習慣這種形式的性別歧視作鬥爭，不得不應對各種階級、種姓、宗教以及民族偏見。在一些國家，她們與這些問題的鬥爭與建立民主政府和爭取最基本自由的鬥爭交織在一起，有時還因此變得更加錯綜複雜。

但是在拉丁美洲、非洲、亞洲部分地區和中東地區，婦女們的生活還受到了殖民主義和新殖民主義的深刻影響。「第一世界」國家——最初是17世紀的英國及其他歐洲國家，19世紀以來美國步其後塵——把世界廣大地區納入自己的直接掌控之下，在政治和經濟上奴役當地人民。到了21世紀初，美國憑藉其軍事、經濟

和文化實力，在世界很多地方推行「話語殖民」。

「第三世界」這種說法在當代女權主義和後殖民研究中被廣泛使用，但是它也存在很多問題。例如，錢德拉·塔爾佩德·莫漢蒂[1]從地域上定義它：「拉丁美洲的民族國家、加勒比海地區、撒哈拉沙漠以南的非洲地區、南亞及東南亞、中國、南非和大洋洲。」她還將黑人、亞洲人、拉丁美洲人和生活在「西方」的原住民納入其中。然而，這種說法有時被看成是貶義的稱呼。西方人使用這個字眼時，言下之意是「欠發達」或「不民主」。有時說「第三世界婦女」，實際上是對「有色人種婦女」的「委婉」稱呼，暗含着一個和西方女權主義「標準」相對的本地「他者」，因此有時人們覺得目前說「後殖民女權主義」更為「正確」。但是，兩種說法無不清楚地提醒西方人我們對這些婦女的生活現狀有多麼孤陋寡聞：她們可能深陷根深蒂固的本地信仰以及源於階級差別、種姓、宗教、民族等因素的風俗習慣的重圍，同時還遭受着殖民主義遺毒的毒害。

以拉丁美洲為例，西班牙和葡萄牙的佔領——以及奴役——留下了十分嚴重的民族和階級不平等問題。當地女權主義者也許不得不與天主教會頑固的父權制作鬥爭，此外還要直面被稱為「大男子氣概」的

---

1　Chandra Talpade Mohanty 1955–：美國印度裔後殖民和跨國女權主義理論家。

當地特有的男性性別歧視。(同樣具有破壞作用的女性對應詞「女子本分」——即女性對男性主導地位的絕對服從——可能進一步困擾她們的生活。)

儘管如此,女權主義在一些拉丁美洲國家還是有着悠久輝煌的歷史。以墨西哥為例,女權主義「第一浪潮」誕生於反抗波菲里奧·迪亞斯(Porfirio Diaz)總統人所共憤的獨裁統治的革命中,這場艱苦的鬥爭從1910年一直持續到1918年。婦女們積極參加了這場鬥爭。女兵們建立營地,尋找食物,燒火做飯,照看傷員,但是也有女戰士拿起武器奮勇作戰。一些婦女穿着裙子、戴着自己最好的珠寶首飾,跟隨男人參加戰鬥。其他婦女則被指責「無論內在還是外表」都變得男性化了,不過人們也承認一個女人能夠「在戰鬥中用手中的武器證明她不再是女兵,而是一名戰士」。

女知識分子們也支持革命。其中最有影響的是埃米拉·加林多·德托佩特(Hermila Galindo de Topete),她創辦了《現代婦女》雜誌並擔任主編,為學校性教育、婦女選舉權及離婚權而鬥爭。她認為,天主教會是墨西哥女權主義前進的主要障礙。明知無望當選,但是為了宣傳婦女想要得到並且需要選舉權,她成為第一個參選眾議院議員的女性。經過漫長的選舉權鬥爭,墨西哥婦女於1927年獲得了平等公民權。然而,直到1952年她們才最終獲得選舉權。20世紀70年代,和其他許多國家一樣,墨西哥也興起了婦女解放運

動，其成員所關注的中心問題有：合法墮胎的需要、對強姦犯施以更為嚴厲的刑罰以及援助受虐婦女。她們還就包括性在內的諸多問題開展了坦誠而蘊含着極大爭議性的討論，質疑陰道性高潮「暴政」。

在1898年被美國入侵並佔領的波多黎各，婦女運動在數十年間致力於提高教育水平，將其作為通往其他改革的第一步。1936年，普選權終於得以實現。大部分拉丁美洲國家於20世紀50年代給予婦女選舉權。這是非常重要的一步，但是(正如西方婦女之前已經意識到的那樣)，它並沒有立竿見影地轉化為婦女地位和處境的顯著變化。拉丁美洲人在20世紀七八十年代仍然有大量的問題亟待解決。婦女運動要求給予女性全面、平等的法律和政治權利，不過她們也同樣關注廣泛存在的婦女文盲問題，尤其關注千百萬棚戶區和貧民窟婦女的悲慘境遇。許多農村婦女遷移到城市，成為「亞無產階級」的一部分，有的做着收入低下的用人(女僕、洗衣工、廚子)這樣的臨時工作，有的靠做街頭小販艱難度日。但是住在棚戶區的婦女往往會組織起來，改善她們眼前的處境：建立居民協會、公共廚房以及消費者組織和人權團體。貧困、惡劣的醫療條件和拙劣的墮胎手術使孕產婦死亡率居高不下。(據估計，在玻利維亞，每十萬例分娩就有390名產婦死亡；在秘魯，這個數字是265。)一些拉美國家禁止墮胎，哪怕是出於挽救孕婦生命的需要也不例外。但

是，秘魯雖然是一個專制政府，卻設立了婦女部[2]，還為婦女專設了公設辯護律師，通過了制裁家庭暴力的法律。

以聖保羅為例，從20世紀70年代開始，婦女對健康問題有了新的關注。婦女們學習如何給水消毒、如何判斷及預防兒童常見疾病。她們可以得到避孕諮詢；她們成立婦女組織，互相幫助，開展社區內合作計劃；她們為改善住房條件而奔走吶喊。20世紀80年代，在巴西東北部塞爾唐這個半乾旱的貧困內陸地區，婦女們發起了農村女工運動。她們是農業工人，卻只能領取男人一半的報酬，她們為被納入抗旱項目而鬥爭。她們還設法籌集資金，參加了1995年在北京舉行的聯合國婦女大會。

1988年巴西憲法從條文上看十分不錯，其中保障男女同工同酬，給予婦女寬鬆的產假，設定了最低工資。但是——由於大部分婦女對於如何獲得自身的權利知之甚少——一個名為「忒彌斯」[3]的組織應運而生，來教育廣大婦女。她們接着與一個女警察局合作創辦了一個試點項目，只處理強姦和暴力案件。很快，其他類似中心也紛紛成立。同時，1975年以來，全國街頭兒童運動以及「永生」這樣的婦女組織也一

---

2　此處「專制政府」指藤森政府。藤森政府於1996年頒佈國家法令，宣佈成立秘魯促進婦女和人類發展部，簡稱婦女部。

3　忒彌斯：*Themis* 希臘神話中司掌司法和正義的女神。

直在努力幫助千百萬生活在水深火熱之中的兒童，為他們提供醫療、教育和法律援助。這些兒童很容易遭受性侵害，往往還會受到警察的虐待。此外，巴西黑人婦女在對自身壓迫尤為深重的問題上變得更加直言不諱——這些問題包括各種各樣的種族暴力、公共醫療政策以及就業市場歧視。

1975年，聯合國在墨西哥城召開了國際婦女年大會，全球女權主義者齊聚一堂。1981年以來，來自拉丁美洲及加勒比海地區各地的婦女每三年聚會一次，旨在「加強團結、謀劃創新性的政治實踐以及進一步發展挑戰性別壓迫和性壓迫的話語」。會議每次都在不同的國家召開：哥倫比亞、秘魯、巴西、墨西哥、阿根廷、薩爾瓦多和智利。一些婦女感到，左派傾向於把女權主義斥為資產階級的東西和帝國主義的舶來品；而右派和教會則將其視為對基督教家庭價值觀的威脅而極力抵制。會上辯論常常十分激烈。和其他拉丁美洲女權主義者一樣，與會者都很關注平等權利和經濟再分配問題。但是，她們也討論一些她們覺得一般不為人所注意的爭議性問題：家庭暴力、性騷擾以及婚內強姦。事實上，有些拉丁美洲女權主義者認為，她們最重要的成就在於促使國家通過了制裁針對婦女的暴力犯罪的法律。例如在巴西，婦女團體向政府施壓要求資助婦女辯護委員會，該委員會說服最高法院推翻了男性陪審團對一名殺妻男子的無罪判決，

其理由是：「在此類犯罪中，受到維護的不是榮譽，而是自我奉承、狂妄自負和男人把妻子當成私有財產的傲慢自大。」

多年來，會議組織者大力吸納基層團體和盡可能多的婦女（條件是：任何婦女，只要她自認為是女權主義者，那麼她就是女權主義者）。在20世紀90年代初期，她們建立了海外聯繫。在1995年北京世界婦女大會召開前，整個拉丁美洲的女權主義者都積極致力於將婦女組織起來進行辯論和討論。和其他國家的女權主義者一樣，拉丁美洲的組織者們也不得不解決接納誰和排斥誰的問題，不得不承認階級、種族和性取向的不平等是任何女權主義分析的中心內容——也使這種分析變得錯綜複雜。來自16個拉丁美洲及加勒比海地區國家的黑人婦女齊聚一堂，為北京世界婦女大會起草了一份文件。

20世紀末，年輕一代的婦女越來越多地被吸引到這場運動中來，而且常常對她們的前輩提出批評，這或許是自然的。她們中有些人曾經是學生活動家，另一些則參加過高校的女權主義項目。她們抨擊先前那種標新立異地承認、甚至歌頌「多樣性」的觀點。她們認為，那只是一種粗略的多元論，往往意味着接受不平等，不允許真正「對他人及其經驗予以認可或使之合法化」。

然而，國際會議既能彰顯相互聯繫，也能凸現分

圖16　反對女性割禮的招貼畫，蘇丹。

歧和怨恨。在1980年召開的一次國際會議上，一些婦女抱怨說討論佩戴面紗和女性割禮時從來沒有徵求過那些最相關婦女的意見。在1994年在開羅舉行的另一次關於人口與發展的會議上，第三世界婦女抱怨會議日程被只對避孕和墮胎感興趣的歐美婦女把持着。而且，當歐美婦女真正論及「第三世界」議題時，她們言談間也流露出一種居高臨下的態度和種族主義情緒。即使是在1995年的北京大會上，也有人抱怨說西方人喋喋不休地談論生育權和性取向問題，令欠發達國家婦女所迫切關注的問題遭到了忽視。正如一位婦女所說，把西方女權主義應用到諸如南美婦女所關注的問題上去，「不啻用治頭痛的藥來治嚴重的胃痛」。

　　跨文化誤解是一個頑疾。1915年，英國女權運動者格雷絲‧埃利森（Grace Ellison）造訪了土耳其，寫下了一本名叫《土耳其哈來姆中的英國女人》的書。她在書中描述了改革如何影響着婦女的生活，如何連男人也似乎青睞某種程度的女性解放，顯示自己真正理解了這一切。她對於當時關於穿着傳統服飾的辯論也表現出了濃厚的興趣。但是和她那個時代以來的許多女權主義理論家一樣，她傾向於將傳統習俗和面紗浪漫化，對越來越多的婦女穿西式服裝 —— 至少在家裏如此 —— 深感遺憾。但是當埃利森的土耳其朋友 —— 一位名叫澤格雷布‧哈穆（Zegreb Hamun）的婦女 ——

## 非洲

非洲問題特別複雜。阿米娜・馬馬[1]認為：「非洲婦女始終明確自己的鬥爭，把鬥爭不斷進行下去……[這]可以追溯到我們集體久遠的過去。」不同的婦女所遭受的壓迫也不同：女權主義必須承認「種族、階級和文化上的差異」。非洲女權主義是異性戀的，是鼓勵生育的，其所關注的是「麵包、黃油和權力」的問題。女性割禮是阻止女性發生不正當性行為的一種方式，目前依然存在於一些非洲國家。它並非穆斯林所固有的習俗，卻已經成為某些原教旨主義者壓迫女性的一種姿態。

2000年，30歲的尼日利亞穆斯林婦女阿米娜・拉瓦爾（Amina Lawal）非婚生子，被一個伊斯蘭教教法法庭判處石刑[2]——很顯然，她是被強姦的。這個案件得到了世界媒體的廣泛報道，因為具有諷刺意味的是，當時「世界小姐」選美比賽即將在尼日利亞舉行。許多參賽選手都提出了抗議：一些選手索性拒絕參加比賽；另一些選手則聲稱她們至少要公開譴責這項判決。一位時尚作家評論說，先知穆罕默德也很可能會從參賽選手中選一個出來做他的妻子，這番話引發了騷亂。伊斯蘭激進組織將選美比賽形容為「裸體遊行」，稱其會助長淫亂之風，導致艾滋病蔓延。但是許多當地婦女勇敢地走上街頭，舉行示威遊行，表達自己的義憤。

---

1　Amina Mama 1958-：尼日利亞學者和女權主義作家。
2　石刑：伊斯蘭教教法對通姦罪的處決方式，為把男性腰部以下、女性胸部以下埋入沙土中，行刑者朝其反復投擲石塊。

到英國拜訪她時，情況就剛好戲劇性地顛倒了過來，輪到她受到誤解了。哈穆也出版了一本自己和埃利森的書信集，取名《土耳其女人之歐洲印象》。她不屑地認為倫敦的一家女士俱樂部冷漠乏味，缺乏哈來姆的「神秘和魅力」。但是參觀了議會大廈後，她批評的調門兒陡然高了起來：

> 但是我親愛的，為什麼你從來沒有告訴過我女士旁聽席[4] 是一個哈來姆？一個有着格子窗的哈來姆！政府的哈來姆！……你們把自己的女人派到世界各地，不給她們任何保護，反而在這個你們制定法律的作坊裏，給她們罩上保護的標誌！

近代西方學術界一些女權主義者無休止地從理論上大談面紗和哈來姆，這並沒有什麼實際意義。她們似乎是在解構，從而美化並沉湎於自己奇特的「東方化」幻想版本中。在一些穆斯林社會，佩戴面紗的確曾經是——而且現在依然是——一個偶爾會觸發爭議的重要話題。1923年，一位著名埃及政治家的妻子胡都·沙拉維(Hudu Sha'rawi)從海外旅行歸來，曾在大庭廣眾之下摘下面紗，雖然她還包着頭巾，但在當時仍然引起一片譁然。不過比這件事重要得多的是，她

---

4 女士旁聽席：1945年之前英國議會辯論時為供女士列席而單獨劃分出的座位區，在演講者對面。

圖17　婦女抗議對尼日利亞婦女阿米娜‧拉瓦爾的死刑判決，2003年。

此後組建了多個婦女團體，為獲得更好的教育、選舉權與競選公職的權利以及實現有關家庭問題的改革而鬥爭。和之後無論是埃及還是其他伊斯蘭國家的婦女一樣，她一直試圖創立一種具有伊斯蘭特色的女權主義。

五年後，一位名叫納克希拉‧扎因‧阿斯丁(Naxira Zain as Din)的黎巴嫩婦女出版了一本書，認為「面紗是對男人和女人的一種侮辱」，而且還認為訴諸伊斯蘭教教義並不能證明壓迫婦女的正當性。(宗教學者們煽動了示威活動來抵制這本書。)另一方面，許多婦女認為面紗有時具有解放性：面紗使她們可以去進行觀察，而不是成為觀察的對象，這不僅將她們從怪裏怪氣的時尚中解放出來，而且還有助於她們避免性騷擾。當然，不可能將所有的伊斯蘭國家混為一談。而且，在大部分伊斯蘭國家(當代埃及是一個很好的例子)，不僅階級之間存在着十分明顯的巨大差異，居住在鄉下與居住在開羅和亞歷山大這樣的大城市裏的婦女之間亦不例外。許多穆斯林婦女，尤其是大城市婦女，都樂於摘下面紗。而另一方面，以一些土耳其婦女為例，她們認為事實上正是面紗才使她們得以進入公共生活，給了她們自由，可以自信地從事教師、醫生這類職業。西方穆斯林社區有時也會出現一些爭論。在法國，女學生在被禁止戴頭巾時進行了強烈的抗議。在英國，一名穆斯林女學生因為不僅堅持要戴頭巾、穿寬鬆長褲還要穿拖地長袍而上了報紙。

圖18　一名蘇丹穆斯林女孩展示她染有墨蹟的手指，證明她已經投過了
　　　票。蘇丹婦女於1964年獲得選舉權。

但是這似乎只是個別現象；任何一個清晨，在倫敦街頭都能看到幾個這樣裝束的女孩去上學。

在穆斯林神權國家，問題更加尖銳。沙特阿拉伯是一個極端的例子：婦女被強制佩戴厚重的面紗，在沒有男性親屬陪同時甚至都無法上街走路，旅行和工作都需要徵得男性的許可。另一方面，伊朗婦女卻有着獨立從事政治活動的悠久歷史。即使是在19世紀，也有一些婦女奮筆疾書，為她們筆下許多伊朗婦女的可憐處境而吶喊。當時一位女作家發行了一本小冊子，名為《男人的缺點》。20世紀初，婦女和男人一樣要求擁有憲法權利和性別權利。1906年，到英國大使館尋求避難的罷工者中也有女性。但是她們的積極行動並未受到理睬。1906年頒佈的新憲法規定她們不得從政，而且明確「婦女所受的教育和培訓應限制在撫養子女、家政和保持家族榮譽的範圍之內」。但是，女校紛紛成立，婦女協會如雨後春筍般興起。1911年，埃及婦女活動家卡西姆・阿明（Ghassem Amin）的《婦女解放》一書被翻譯成波斯語——遭到了宗教當局的猛烈抨擊。1931年，婦女獲得了在某些情況下可以提出離婚的權利。在此後的10年間，一個同時面向男童和女童的國家教育體系建立起來。1936年，第一批女大學生進入德黑蘭大學。1978年，婦女佔到了勞動力的33%。1962年，婦女終於爭取到了選舉權和角逐公職的權利。在科威特，婦女最終於2005

年獲得了選舉權和角逐公職的權利。

伊朗婦女在1978年的伊斯蘭革命中表現活躍，組建了形形色色的婦女組織。但是此後，官方對婦女的態度變得強硬起來。1979年，阿亞圖拉・霍梅尼[5]堅持要求為政府工作的伊朗婦女佩戴面紗，同時解僱了女性法官，廢除了一部家庭保護法，實際上等於剝奪了婦女的離婚權，禁止避孕和墮胎。婦女如拒絕遵守嚴格的着裝規範，會被處以鞭刑和罰金。已婚婦女必須徵得丈夫的同意後才能從事工作。數部監護權法律獲得通過，否認母親對子女享有權利。但是，即使是在這段黑暗的歲月裏，婦女所受的教育和男性並無多大別。婦女依然可以投票、當選議員、擔任政治職位以及外出工作。1998年，伊朗大學生中有52%為女性。

同時，許多婦女發現伊斯蘭革命後自己的生活變得更加艱難了。婦女更難提出離婚或得到子女的監護權；女孩結婚的最低年齡先是降到了13歲，後來又進一步降到了10歲。婦女必須徵得父親或丈夫的書面許可才能獲得護照。佩戴面紗成了強制性的，不過仍有一些婦女對面紗持歡迎態度，將其視為擯棄世俗化西方生活方式的象徵。

一些世俗女權主義者離開了自己的國家，一些則在1979年國際婦女節當天舉行示威抗議新法令，還有一些堅決抵制強加給她們的嚴格的着裝規範。不滿之

5　Ayatollah Khomeini 1900–1989：伊朗已故最高宗教領袖。

聲此起彼伏，影響甚廣，因為其傳播渠道往往都是非正式的：複印的傳單和小冊子、牆報、街頭辯論以及婦女雜誌。雖然女權主義被迫轉入地下，但是到了20世紀90年代中期，中上層婦女至少再次在政治上變得越來越果敢自信了。

近年來，女權活動家對一些社會現實進行了猛烈批評：婦女如要離婚，仍然異常艱難；兒子年滿兩歲、女兒年滿七歲之後，父親享有法定監護權。而且在伊朗，石刑依然是一種合法的刑罰。婦女們認為，這種刑罰所懲罰的對象往往都是女性，而非男性。2000年，一名婦女被控通奸並夥同情夫謀殺丈夫，被判石刑處決。還有一個婦女被控出演色情電影和發生婚外性關係，在德黑蘭的一座監獄裏被執行石刑。有報道稱，女犯人經常遭到強奸，甚至身受酷刑折磨。

一些女權主義者認為，在伊朗這個神權國家，當前兩性關係事實上完全是「非伊斯蘭教的」。她們認為，伊斯蘭教傳統上尊重女性，賦予她們尊嚴。許多穆斯林婦女堅信《古蘭經》不僅始終承認婦女的個人尊嚴，還賦予她們重要的經濟權利。只是後來《古蘭經》往往被人故意曲解，從而對男性有利。沙里亞，即安拉用來規範人類行為的律法，本質上對婦女也沒有敵意。一些穆斯林女權主義者還搬出先知之妻赫蒂徹[6]作為例證。據傳説，赫蒂徹比丈夫年長，是一個獨

6　Khadija，約555–619：原為貴族富孀，40歲時嫁與伊斯蘭教先知穆罕

圖19　雅加達女權團體的抗議活動，2000年11月。（標語文字：對一夫多妻制說不）

立而精明強幹的人物，她先是僱用先知作為自己的貿易代表，然後又執意要跟他成婚。

其他女權主義者則主張政教分離。但是，該地區的許多婦女團體不是像大多數西方女權主義者那樣去訴諸人權，而是努力去開創一種具有伊斯蘭特色的女權主義。她們認為，這種女權主義植根於當地一向尊重女性的文化和傳統。她們面臨的阻力相當大，或許還在不斷增大，但她們始終立場堅定。

俄羅斯和東歐的婦女對西方女權主義往往不屑一顧，自然堅持認為她們自己的婦女運動史和西方沒有多少或者全然沒有關係。以俄羅斯為例，婦女有着悠久而獨特的運動史。在19世紀70年代，一個由自稱為「柴可夫斯基派」[7]的社會主義學生和工人組成的團體接納了許多女性成員，他們認為只有資本主義剝削終結之時，婦女才能最終擺脫家務勞動和工廠工作的「雙重壓迫」。一些婦女加入了一個反抗沙皇壓迫的恐怖組織——「民意黨」[8]，並在其中表現活躍。許多婦女因積極參與1875年莫斯科的一系列罷工而遭逮

---

默德為妻，比先知年長15歲，被稱為「信士之母」。

7　柴可夫斯基派：原為激進學生團體，1871年俄國早期民粹派領袖尼古拉·瓦西里耶維奇·柴可夫斯基(Nikolay Vasilyevich Tchaikowsky 1850–1926)成為其領導人後稱為「柴可夫斯基派」。柴可夫斯基派常年在西歐從事政治活動，十月革命後從事反蘇活動。

8　民意黨：俄國19世紀革命組織，成立於1879年，主張對國家政權實行政治鬥爭和以恐怖手段進行改革及顛覆活動。

捕，對她們的審判引起了媒體的極大關注。一位記者略帶感傷地寫道：

> 滿臉錯愕的公眾看着那些年輕婦女容光煥發的臉龐，她們面帶孩子般的甜蜜微笑走上不歸路，前面看不到任何希望⋯⋯人們自言自語道：「我們又回到了早期基督徒的時代。」[9]

1905年革命後，許多婦女參加了爭取杜馬[10] 選舉投票權的鬥爭。不過歷史學家認為，這場婦女群眾運動不久便分成了兩派：一派主要關注階級鬥爭；另一派，亦即所謂的「資產階級」女權主義者，則對「性別壓迫」更感興趣。1907年，勞動婦女互助協會成立（男性也可加入），努力將影響深入到工人階級婦女中去，鼓勵她們加入工會和社會民主黨。

1907年，在斯圖加特召開的一次國際社會主義婦女大會上，克拉拉·蔡特金[11] 提出一項決議，敦促社會主義者為爭取普選權而鬥爭，她將其視為向結束階級鬥爭邁出的一步。她說，對於勞動婦女來說，選舉權是

---

9　早期基督徒：早期基督徒為堅持信仰經常遭受迫害而殉道。

10　杜馬：全稱「國家杜馬」，俄國經選舉產生的立法機構，成立於1905年，至1917年二月革命時為止共存在4屆。1993年，俄羅斯建立新的聯邦議會，恢復「國家杜馬」的稱呼，議會上院稱「聯邦委員會」，下院即「國家杜馬」。

11　Clara Zetkin 1857–1933：德國社會主義政治家和女權運動領袖，被譽為「國際婦女運動之母」。

戰鬥的武器，為了使人類擺脫剝削和階級統治，她們必須進行戰鬥。它使婦女能夠更多地參與到無產階級奪取政權、推翻資本主義秩序、建立社會主義秩序的鬥爭中去，唯此才能大刀闊斧地解決婦女問題。

活動家們組織會議，積極鼓勵工人階級婦女參與會議和行動。1911年3月19日，第一個國際婦女節慶祝活動在德國舉行，成千上萬的婦女參加了集會和遊行。1913年，俄國也慶祝了這一節日。

有人稱是1917年在聖彼得堡的婦女節示威活動——示威者要求「麵包與和平」——引發了十月革命。但是一些俄國女權主義者認為，這場布爾什維克革命對婦女並沒有多少直接的幫助；有很多男人及一部分婦女堅稱婦女的利益和男人的利益完全一致，二者不能割裂開來。革命後，婦女獲得了更好的教育機會，並且被要求從事全職工作。雖然城市裏開辦了自助餐廳、洗衣房和托兒所，婦女似乎依然不得不肩負著沉重的雙重負擔。20世紀20年代，亞歷山德拉·柯倫泰(Alexandra Kollontai)嶄露頭角，成為婦女問題上思想深邃、文采飛揚且影響深遠的作家之一。

1991年蘇聯解體後，至少有一部分婦女很高興重新回歸家庭。雖然婦女可能在向資本主義轉型的過程中成為了輸家，但是一些婦女還是樂得有機會做一個全職的母親和家庭主婦。

## 亞歷山德拉‧柯倫泰

1909年，俄國婦女亞歷山德拉‧柯倫泰出版了《婦女問題的社會基礎》，認為女權主義不僅僅是政治權利或教育權利和同工同酬權利的問題，其真正問題在於家庭的組成方式和人們設想家庭的方式。1920年，她出版了《俄國勞動婦女運動史淺析》，強調婦女必須兩線作戰：她們應該抵制越來越多的西化中產階級婦女組織，這些組織要麼一心關注法律平等和選舉權問題，要麼將女權主義等同於「自由性愛」；同樣，她們也必須反對俄國工人運動和社會民主黨人，因為二者都忽視了婦女所遭遇的特殊問題和特殊壓迫，不屑地認為女權主義只在天生便毫無正義可言的資本主義社會裏促進婦女權益，因而天生便是「資產階級的」。

柯倫泰首先是位理論家，但有時面對個體遭遇也會真情流露，比如有一回面對一位對丈夫極度不滿的婦女時便表現出了極大的同情 —— 這位婦女的丈夫酗酒，還禁止她外出工作。在一篇極其感人的烏托邦式空想文章中，她設想了20世紀70年代可能存在的生活：屆時，原來的聖誕節成了另外一個節日，這天一個公社共同慶祝自己設法共同創造出的圓滿生活。

女權主義者近年來開始意識到那些從世界上貧窮及欠發達地區到西方富裕國家工作的婦女所面臨的問題，並且已經着手研究這些問題。墨西哥和拉丁美洲婦女前往美國；俄羅斯和東歐婦女到西歐和英國尋找工作。阿爾及利亞和摩洛哥婦女去法國；還有一些婦女則來自斯里蘭卡。東南亞女孩往往跑到中東國家——巴林、阿曼、科威特、沙特阿拉伯——尋找工作。她們中有些是合法移民，而那些非法移民則非常容易受到傷害。許多婦女做互裨[12]、女傭、保姆、清潔工，在老年人家裏和醫院裏幹些不需要什麼技術的活兒，或在餐廳裏做工資微薄的工作。但是還有很多婦女不可避免地淪為妓女或身陷妓院。菲律賓婦女經常被招募為「郵購」新娘，新郎則大多是美國或日本男人。曾經為了婦女外出工作權、為了把自己從繁重家務中「解放」出來而積極鬥爭過的一些西方婦女，現在尋找起廉價的家務幫手來。對一些外國婦女來說——那些幸運兒——移民是改善自身生活的一種方式。但是更多的情況是，移民工人——往往資質不高，有時幾乎不會說自己新家的語言——收入微薄，工作沒有保障，使她們在各方面都孤立無援，得不到任何保護。她們往往連自己有哪些權利都不知道——要麼即使知道也不清楚該如何主張這些權利。她們幾

---

12　互裨：一種住在別人家裏以照顧孩童等家務勞動換取食宿的工作學習方式。

乎沒有任何支持網絡。不過在美國，一些活動團體已經挺身而出，維護她們的權益。她們的存在本身對西方女權主義者構成了一個痛苦的悖論；她們促使我們更加仔細地審視自身，也許我們正縱容着對其他婦女的壓迫。

# 後記

　　那麼，女權主義的前途是什麼？或者說女權主義有前途嗎？至少在富裕的西方，女權主義還有存在的必要嗎？ 1992年，美國婦女蘇珊・法呂迪[1]用令人心寒的具體事實，有力地說明了女權主義者一段時期以來一直經歷着她所稱的「回潮」。那些無疑從女權主義運動中得到好處的婦女 —— 還有那些或許也同樣受益卻很少承認這一點的男人 —— 現在都迫不及待地說女權主義搞得過頭了。正如朱麗葉・米切爾和安・歐克利在她們的第三本文集《誰害怕女權主義？看清回潮》中所說，女權主義之所以讓很多人不舒服，部分原因在於「女人是誰、她們想要什麼這整個主題對我們公共生活和私人生活之間的界限構成了挑戰」。20世紀，「第一浪潮」中的女權主義者要求公民平等和政治平等。在20世紀70年代，女權主義「第二浪潮」關注並着力強調婦女的性權利和家庭權利。現在，恰恰是這些訴求成為了眾矢之的。「個人的即政治的」是20世紀70年代盛行的口號，而當代一些女權主義者似乎想要反其道而行之。政治的被降低到純粹個人的

---

1　Susan Faludi 1959–：美國作家。

層面，只涉及性和家庭生活問題——當然，這些問題也可能產生政治影響，亟待加以思考。

在《新女權主義》（1998）一書中，娜塔莎·沃爾特[2]在承認婦女「在經濟狀況和權力上仍然不如男人」的同時，認為當代女權主義的任務是「打擊經濟、社會和政治不平等的物質基礎」。這是一個重要的觀點——但是在談到這種打擊究竟可能會產生什麼影響時，她還是語焉不詳。在一次訪談中，她彷彿一反幾十年來一直盛行的觀點，萌生了一個新觀點，即「我們想要和男人齊心協力地改變社會，而不是反對他們」：「畢竟，尤其是在改變家庭領域的現狀方面，意味着男人要承擔相應份額的家務勞動，而婦女則要越來越多地走出家門。」也就是再次表明：「我們必須彼此攜手，和男人攜手，共創一個更加平等的社會。」

但是沃爾特一會兒批評先前的運動過於個人化，沒過幾頁之後又說先前的運動過於政治化——甚至更糟的是，運動成員「要麼毫無幽默感，要麼邋裏邋遢，要麼立誓不婚」。（我記得情況並非如此。）她接着又把瑪格麗特·戴卓爾[3]奉為「英國女權主義默默無聞的巾幗英雄」，稱她使女性的成功變得正常起來。

---

2　Natasha Walter 1967– ：英國女權主義專欄作家和記者。

3　Margaret Thatcher 1925–2013：人稱「鐵娘子」，英國首位女首相（1979–1990）。

但是戴卓爾對婦女的關切沒有絲毫興趣，而且她不支持其他女政治家也是人所共知的。傑曼·格里爾之所以寫作《完整的女人》（1999）一書，部分是為了表示對娜塔莎·沃爾特的書及其「愚昧的沾沾自喜」的憤怒並予以有力的反擊。格里爾認為，沃爾特憑空臆斷女權主義關心的只是「金錢、性和時尚」。不過，她又補充道：

> 直到我這一代的女權主義者開始貌似嚴肅地斷言女權主義搞得過火了的時候，我胸中才升騰起一團怒火。當生活方式女權主義者恰到好處地為自己贏得了「擁有一切」——即金錢——的權利之時，保持沉默是不可容忍的。

毫無疑問，人們對個人變化這個威脅和對變化本身一樣感到驚恐不安。於是有些人產生了懷舊情緒，緊緊抓住一個性別身份一成不變的虛幻的黃金時代，固守着男女之間關係無論如何不平等卻始終可以輕鬆預知的美夢。另一方面，其他人則——用娜奧米·沃爾夫生動的措詞——堅持認為發生了一場「性別地震」，使身居要職的婦女比以往任何時候都要多。沃爾夫在《火攻》（1983）一書中認為，婦女必須放棄她所稱的「受害者」女權主義，停止抱怨，欣然投身

「權力」女權主義。但是，正如琳恩·西格爾[4]在她1999年出版的《為什麼要女權主義？》一書末尾動人地說道，這場運動最激進的目標尚未實現：

> 一個不僅是某些女人、而是所有女人都能更好地生活的世界。按照我依然稱之為社會主義女權主義的構想，這對男孩和男人來說也同樣是一個美好百倍的世界。

人們很容易遺忘女權主義漫長、有時伴隨着激進創新的歷史。20世紀60年代後期女權主義「第二浪潮」興起的時候，至少在當時，似乎有些出人意料、令人吃驚、讓人興奮。此後這些年間，發生了一個非常大的變化：西方婦女越來越廣泛地意識到其他女權主義運動——不僅在歐洲，而且在全世界範圍內——有望挑戰我們心中的各種觀點和確信之事，打消我們可能已經滋生的任何自滿情緒。

這種更廣泛的意識源自於諸多因素。技術進步肯定很重要：例如，不同國家的女權主義者現在能夠通過互聯網快捷高效地進行交流，和許多人分享經驗和信息。學術女權主義在其中也發揮了重要作用。許多大學，當然大部分在西方國家，目前都開設了婦女研

---

4　Lynne Segal 1944–：英國倫敦大學伯貝克學院心理學與性別研究教授、著名女權主義學者。

究課程，尤其是女權主義課程。學術研究為我們提供了瞭解其他時代和其他文化中婦女生活的極其寶貴的視角，促使我們既要思考共同的事業，也要思考彼此的差異。學術論文、研究文章、教材以及學術會議都為女權主義重要信息在全世界的傳播發揮了作用。

但是或許其中也有損失，這個損失往往得不到解決，甚至不被承認。我時常深有感觸地回想起我在本書開頭所引用的麗貝卡·韋斯特的話：

> 我本人始終就沒能弄明白女權主義究竟是什麼。我只知道無論什麼時候，只要我表達出和逆來順受的可憐蟲或妓女不同的觀點，人們就說我是女權主義者。

前文所述的種種女權主義都透着一絲興奮，抑或是因為觸犯禁忌，抑或是因為其本身所蘊含的風險：有時是敢為天下先的興奮，有時是局外人挑戰傳統習俗的興奮。或許，近來還有一種重新發現我們的過去的興奮，以及——由此產生的——重新進行發明創造的興奮。20世紀60年代後期和整個70年代，婦女解放運動的確令人興奮。我們感到自己在「使其煥然一新」，感到自己在探索過去和現在，全身心投身於一種激進而充滿危險的嶄新事物。但是，最近跟我一起聊過的女孩子從未有過任何相似的體驗。她們似乎對女權主義沒有什麼興趣，部分原因是她們僅僅把它看

作一個學術科目——某種灌輸給她們的東西，不需要自己去發現——因此既令人仰視，又相當枯燥。（當然，那些有志於從事學術工作的志向遠大者不在此列。）女權主義猶如一勺勺地餵給年輕一代的女性，因此，她們或許自然、甚至還很健康地暗自懷着一種政治「不正確」的渴望。至少，抵制學術女權主義似乎是向前邁進的一條道路。從長遠來看，事實可能會表明依據她們自身經驗來重新開創女權主義是向前邁進的另一條道路。但是另一個難題——在我看來是關鍵的難題——在於，學術女權主義已經形成了一種話語，只有圈內人才能理解。有太多婦女覺得被這種話語拒之門外，受到疏遠。當然，這並非女權主義的獨有現象。今早我在寫作本書時，順手翻開報紙，發現了記者羅伯特·菲斯克(Robert Fisk)大快人心的批評文章。他抨擊了那種經常被學術界普遍使用的語言，斥之「荒謬」甚至「為害不淺」。這種語言，或許在那些探討迫切需要解決的政治問題的學者中間尤為盛行。「大學教師……非常善於構築小圈子，但對如何與世界上其他大多數人——包括為他們收集垃圾的人、送取洗燙衣服的人和端上土豆煎餅的人——進行溝通卻一籌莫展。」他在文章結尾開玩笑地引用了溫斯頓·丘吉爾(Winston Churchill)的名言：「這是我所無法容忍的英語。」要如法炮製來具體反對學術女權主義，真是太容易不過了。

忽視菲斯克的觀點是危險的。女權主義要保持勃勃生機並不斷向前發展，就必須開始從根本上重新進行發明創造——在此不僅僅指發現新問題，還指發現一種新話語。無論怎樣，我仍然相信女權主義一定會再次令我們驚訝，相信它一定會不斷自我創新——其方式也許是我們所無法預見的，其領域也許是我們鮮有慮及的。幾乎可以肯定的是，它會來自學術圈外，而且很可能會——如果一切順利的話——以我們目前尚無法窺見的方式給我們帶來挑戰。

# 參考書目

## Chapter 1

Hildegarde of Bingen, *Selected Writings*, tr. Mark Atherton (Harmondsworth: Penguin Books, 2001), especially pp. 163–226.

*The Book of Margery Kempe*, tr. and ed. Barry Windear (Harmondsworth: Penguin Books, 1986).

Elizabeth Spearing, *Medieval Writings on Female Spirituality* (Harmondsworth: Penguin Books, 2002 ); for Julian of Norwich, see pp. 175–206 (especially p. 201, on the motherhood of God).

Margaret L. King, *Women of the Renaissance* (Chicago and London: University of Chicago Press, 1991).

Stephanie Hodgson Wright (ed.), *Women's Writing of the Early Modern Period, 1588–1688* (Edinburgh: Edinburgh University Press, 2002); see especially 'Jane Anger: her protection for women, 1589', pp. 2–6; Aemilia Lanyer, 'Salve Deus Rex Judaeorum, 1611', pp. 20–1, and also pp. 22–77; Anna Trapnel, pp. 212–17.

Keith Thomas, 'Women and the Civil War Sects', *Past and Present*, 13 (1958).

Elaine Hobby (ed.), *Virtue of Necessity: English Women's Writing, 1649–88* (Ann Arbor: University of Michigan Press, 1989) is an invaluable collection; she includes extracts from Jane Anger, Aemilia Lanyer, and Anna Trapnel.

H. N. Brailsford, *The Levellers and the English Revolution* (London: The Cresset Press, 1961), especially p. 119 and pp. 316–17.

On Margaret Fell, see Antonia Fraser, *The Weaker Vessel: Women's Lot 142 in Seventeenth-Century England* (London: Phoenix Press, 1984), pp. 448–60; and Sherrin Marshall-Wyatt, 'Women in the Reformation Era', in *Becoming Visible: Women in European History*, ed. Renate Bridenthal and Claudia Koonz (Boston: Houghton-Mifflin, 1977).

On Eleanor Davis, see Antonia Fraser, *The Weaker Vessel: Women's Lot in Seventeenth-Century England* (London: Phoenix Press, 1984), pp. 188–94.

## Chapter 2

Queen Elizabeth, quoted in Stephanie Hodgson Wright (ed.), *Women's Writing of the Early Modern Period, 1588–1688* (Edinburgh: Edinburgh University Press, 2002), p. 1.

Bathsua Makin, quoted in Stephanie Hodgson Wright (ed.), *Women's Writing of the Early Modern Period, 1588–1688* (Edinburgh: Edinburgh University Press, 2002), pp. 287–93. Also see Hilda L. Smith, *Reason's Disciples: Seventeenth-Century English Feminists* (Urbana: University of Illinois Press, 1982).

On Lady Mary Wroth, see *The Poems of Lady Mary Wroth*, ed. Josephine A. Roberts (Baton Rouge: Louisiana State University Press, 1983); and a brief but illuminating comment by Germaine Greer in *Slip-Shod Sibyls* (London: Penguin Books, 1999), pp. 15–16.

On Margaret Cavendish, see Katie Whitaker, *Mad Madge* (London: Chatto and Windus, 2003); and also Dolores Paloma, 'Margaret Cavendish: Defining the Female Self', *Women's Studies*, 7 (1980).

Virginia Woolf, *A Room of One's Own* and *Three Guineas*, with introduction by Hermione Lee (London: Vintage, 2001).

Mary Manley, quoted in Antonia Fraser, *The Weaker Vessel: Women's Lot in Seventeenth-Century England* (London: Phoenix Press, 1984), p. 409.

On Aphra Behn, see Angeline Goreau, *Reconstructing Aphra: A Social Biography of Aphra Behn* (New York: Oxford University Press, 1980); Elaine Hobby (ed.), *Virtue of Necessity: English Women's Writing, 1649–88* (Ann Arbor: University of Michigan Press, 1989), pp. 15–127; and Germaine Greer, *Slip-Shod Sibyls* (London: Penguin Books, 1999), chapters 6 and 7.

## Chapter 3

On Mary Astell, see Ruth Perry, *The Celebrated Mary Astell: An Early English Feminist* (Chicago: University of Chicago Press, 1986).

On Mary Wollstonecraft, see *Collected Letters*, ed. Janet Todd (London: Allen Lane, 2003). There are many modern editions of *A Vindication of the Rights of Woman*; I have used the edition with introduction by Miriam Brody (London: Penguin Books, 1992), *Mary* and the unfinished *Maria; Or the Wrongs of Women* (Oxford: Oxford University Press, 1980; or London: Penguin Books, 1992). There are also several good biographies of Wollstonecraft: most recently, Diane Jacobs, *Her Own Woman: The Life of Mary Wollstonecraft* (New York: Simon and Schuster, 2000) and Lyndall Gordon, *Mary Wollstonecraft: A New Genus* (London: Little Brown, 2005).

### Chapter 4

Marion Reid, *A Plea for Women* (Edinburgh: Polygon, 1988 [1843]).

Caroline Norton, *English Laws for Women in the Nineteenth Century* [1854]; reprinted as *Caroline Norton's Defense* (Chicago: Academy, 1982).

John Stuart Mill, *The Subjection of Women*, ed. and introduced by Susan M. Okin (Newhaven and London: Yale University Press, 1985).

For Florence Nightingale, see Cecil Woodham Smith, *Florence Nightingale* (London: Penguin Books, 1951; revised edn., 1955); and Nancy Boyd Sokoloff, *Three Victorian Women Who Changed Their World* (London: Macmillan Press, 1982).

For Harriet Martineau, see her *Autobiography*, with Memorials by Maria Weston Chapman (London: Virago, 1983 [1877]); and R. K. Webb, *Harriet Martineau, A Radical Victorian* (London: Heinemann, 1960).

For Frances Power Cobbe, see Barbara Caine, *Victorian Feminists* (Oxford: Oxford University Press, 1992).

### Chapter 5

Sheila B. Herstein, *A Mid-Victorian Feminist, Barbara Leigh Smith Bodichon* (Newhaven and London: Yale University Press, 1985): George Eliot is quoted on p. 71, Mrs Gaskell on p. 80, Elizabeth Barrett Browning on p. 82.

Melanie Phillips, *The Ascent of Woman: A History of the Suffragette Movement and the Ideas Behind It* (London: Little, Brown, 2003), chapter 5.

For Emily Davies, see Margaret Forster, *Significant Sisters: The Grassroots of Active Feminism 1839–1939* (London: Penguin Books, 1986), and also Barbara Caine, *Victorian Feminists* (Oxford: Oxford University Press, 1992), chapter 3.

Jo Manton, *Elizabeth Garrett Anderson: England's First Woman Physician* (London: Methuen, 1965).

On Josephine Butler, see Jane Jordan, *Josephine Butler* (London: John Murray, 2001); and Barbara Caine, *Victorian Feminists* (Oxford: Oxford University Press, 1992), chapter 5.

Roger Manvell, *The Trial of Annie Besant and Charles Bradlaugh* (London: Elek Books, 1976).

### Chapter 6

Melanie Phillips, *The Ascent of Woman: A History of the Suffragette Movement and the Ideas Behind It* (London: Little, Brown, 2003), pp. 98–103, 136–9.

Sheila B. Herstein, *A Mid-Victorian Feminist, Barbara Leigh Smith Bodichon* (Newhaven and London: Yale University Press, 1985), pp. 156–69 and chapter VI.

Roger Fulford, *Votes for Women* (London: Faber and Faber, 1957), pp. 33–4.

Florence Nightingale is quoted in Martin Pugh, *The March of the Women: A Revisionist Analysis of the Campaign for Women's Suffrage 1866–1914* (Oxford: Oxford University Press, 2000), p. 55.

### Chapter 7

Martin Pugh, *The March of the Women: A Revisionist Analysis of the Campaign for Women's Suffrage 1866–1914* (Oxford: Oxford University Press, 2000) is essential reading: a detailed, scholarly, and thought-provoking account of the prolonged struggle for the vote.

Also see Melanie Philips, *The Ascent of Woman: A History of the Suffragette Movement and the Ideas Behind It* (London: Little, Brown, 2003); and Paul Foot, *The Vote: How It Was Won and How It Was Lost* (London: Viking, 2005) includes a brief but cogent chapter on women's suffrage.

For some memorable (and sometimes witty) examples of the way in which
suffragettes expressed their message visually, see the early pages of
Liz McQuiston, *Suffragettes and She-Devils: Women's Liberation and
Beyond* (London: Phaidon Press, 1997).

See also Emmeline Pankhurst, *My Own Story* (London: Virago, 1979
[1914]) and Syliva Pankhurst, *The Suffragette Movement* (London:
Virago, 1977 [1931]).

## Chapter 8

See Sheila Rowbotham, *A Century of Women* (London: Viking, 1997) on
Sylvia Pankhurst, and the effects of the war, p. 64 ff.; and Paul Foot,
*The Vote: How It Was Won and How It Was Lost* (London: Viking,
2005), especially pp. 232–5, on women and the war.

See also Martin Pugh, *Women and the Women's Movement in Britain
1914–1999* (London: Macmillan Press, 1992), especially chapters
1–6; chapter 3 discusses the birth and decay of the idea of a woman's
party; pp. 49–50 and 142–3 discuss the Six Point Group; Rebecca
West is quoted on p. 72.

Roger Manvell, *The Trial of Annie Besant and Charles Bradlaugh* (London:
Elek Books, 1976).

On Margaret Sanger and Marie Stopes, see Ruth Hall, *Marie Stopes: A
Biography* (London: Andre Deutch, 1977). On Stella Browne, see
Rowbotham, especially p. 194.

## Chapter 9

Simone de Beauvoir, *The Second Sex*, English translation by H. M.
Parshley (London: Jonathan Cape, 1953). Her four autobiographical
volumes and her novels are also all available in English translation.

bel hooks, *Feminist Theory from Margin to Centre* (Boston: South End
Press, 1984).

Germaine Greer, *The Female Eunuch* (London: Paladin, 1971).

Juliet Mitchell, *Woman's Estate* (Harmondsworth: Penguin Books,
1971) is essential reading for the ideas and strategies of 'second-
wave' feminism; on consciousness-raising, see pp. 61–3. See also her

*Psychoanalysis and Feminism* (London: Allen Lane, 1974) and *Women: The Longest Revolution* (London: Virago, 1984).

Shulamith Firestone, *The Dialectic of Sex* (New York: Morrow, 1970).

Kate Millet, *Sexual Politics* (Garden City, New York: Doubleday, 1970).

Leslie B. Tanner (ed.), *Voices from Women's Liberation* (New York: Signet Books/New American Library, 1971).

Susan Brownmiller, *Against Our Will: Men, Women and Rape* (New York: Bantam, 1976), especially pp. 5, 346, 348; see also Brownmiller's *In Our Time: Memoirs of a Revolution* (London: Aurum Press, 2000), particularly the essay 'Rape is a Political Crime Against Women', pp. 194–224.

Catherine McKinnon, *Only Words* (London: HarperCollins, 1995), pp. 5, 28, 40.

## Chapter 10

Audre Lorde, 'The Master's Tools Will Never Dismantle the Master's House', in *This Bridge Called My Back: Writings by Radical Women of Colour*, ed. C. Moraga and F. Anzaldua (New York: Kitchen Table Press, 1983).

Ien Ang, 'I'm a Feminist but . . . ', in *Transitions: New Australian Feminisms*, ed. B. Caine and R. Pringle (Sydney: Allen and Unwin, 1995).

Mai Yaman (ed.), *Feminism and Islam: Legal and Literary Perspectives* (New York: New York University Press, 1996).

Reina Lewis and Sara Mills (eds.), *Feminist Postcolonial Theory: A Reader* (Edinburgh: Edinburgh University Press, 2003); in particular, see Chandra Talpade Mohanty, 'Under Western Eyes', pp. 49–74; and Reina Lewis, 'On Veiling, Vision and Voyage: Cross-Cultural Dressing and Narratives of Identity', pp. 520–41.

'Encountering Latin American and Caribbean Feminisms', Sonia E. Alvarez, Politics Department, University of California at Santa Cruz. CA95064 (sonia@cats.ucsc.edu).

*Roads to Beijing: Fourth World Conference on Women in Latin America and the Caribbean* (Quito: Ediciones Flora Tristan).

Barbara Ehrenreich and Arlie Russell Hochschild (eds.), *Global Women: Nannies, Maids and Sex Workers in the New Economy* (London: Granta Books, 2003).

**Afterword**

Natasha Walter, *The New Feminism* (London: Virago, 1999).
Naomi Wolf, *Fire with Fire* (London: Chatto and Windus, 1993).
Germaine Greer, *The Whole Woman* (London: Doubleday, 1999).

# 推薦閱讀書目

Christine Bolt, *Feminist Ferment: 'The Woman Question' in the USA and England, 1870–1940* (London: UCL Press, 1995)

John Charvet, *Feminism* (London: Dent, 1982)

Susan Faludi, *Backlash: The Undeclared War Against Women* (London: Chatto and Windus, 1992)

Estelle B. Freedman, *No Turning Back: The History of Feminism and the Future of Women* (London: Profile Books, 2002)

Sarah Gamble (ed.), *The Routledge Companion to Feminism and Postfeminism* (London: Routledge, 2001)

Germaine Greer, *The Female Eunuch* (London: MacGibbon and Kee, 1970)

Germaine Greer, *The Whole Woman* (London: Transworld Publishers, 2000)

Sandra Kemp and Judith Squires (eds.), *Feminisms* (Oxford: Oxford University Press, 1997)

Helena Kennedy, *Eve Was Framed: Women and British Justice* (London: Vintage, 2005)

Anne Koedt, Ellen Levine, and Anita Rapone (eds.), *Radical Feminism* (New York: Quadrangle/The New York Times Book Co., 1973)

Reina Lewis and Sara Mills (eds.), *Feminist Postcolonial Theory* (Edinburgh: Edinburgh University Press, 2003)

Janet Price and Margrit Shildrick (eds.), *Feminist Theory and the Body: A Reader* (Edinburgh: Edinburgh University Press, 1999)

Sheila Rowbotham, *The Past is Before Us: Feminism in Action since the 1960s* (Harmondsworth: Penguin Books, 1990)

Sheila Rowbotham, *A Century of Women: The History of Women in Britain and the United States* (London: Viking, 1997)

Marsha Rowe (ed.), *Spare Rib Reader* (Harmondsworth: Penguin Books, 1982)

Jennifer Mather Saul, *Feminism: Issues and Arguments* (Oxford: Oxford University Press, 2003)

Lynne Segal, *Is the Future Female? Troubled Thoughts on Contemporary Feminism* (London: Virago Press, 1987)

Lynne Segal, *Why Feminism?* (Cambridge: Polity Press, 1999)

Bonnie G. Smith, *Global Feminisms since 1945* (London: Routledge, 2000)